聖經的教養智慧

上官賢恩 著

聖經的教養智慧
作者／上官賢恩
翻譯／余滿華
策劃編輯／伍詠慈
美術設計／劉碧雲
出版發行／突破出版社
香港沙田亞公角山路 33 號突破青年村
電話：2632 0000　傳真：2632 0388
電郵：breakthrough@breakthrough.org.hk
網址：http://www.breakthrough.org.hk
http://www.btproduct.com
承印／海洋印務
2013 年 5 月初版 1 刷

Raising Wise Dads, Moms & Kids
by Grace Shangkuan Koo
First Printing, First Edition, May 2013

Printed in Hong Kong
ISBN 978-988-8073-85-6

誠邀閣下就突破出版社的書籍發表意見。
請登上 www.btproduct.com/book，在「讀者回應卡」頁面內填寫。謝謝。

歡迎加入突破書籍 Facebook — http://www.facebook.com/btbooks

本書採用環保油墨印刷

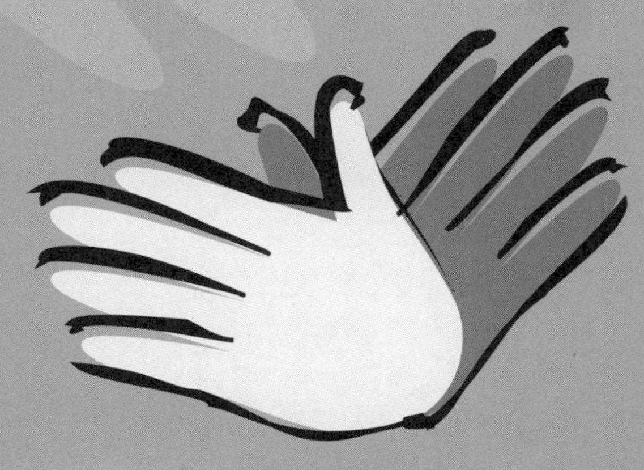

栽 培 新 一 代

年輕的心 躍動卻美麗

認識 貼近

關愛 同行

建造新一代更動人的生命

目錄

獻詞

謹以此書獻給上帝至愛的三代孩子：

我的父親和母親

上官世璋長老 Elder Shih Chang Shangkuan

莊秀環長老 Elder Juanita Cheng Siu Huan Shangkuan

他們以身作則教導我為人父母之道

我的公公和婆婆

高金科 Mr. Kim Kho Koo

吳淑華 Mrs. Shuk Wah Ng Koo

他們撫育外子成為一個負責任的人

外子

高覺新 Caleb, Kak Sin Koo

他是我們孩子了不起的好父親

以及

我們的女兒和兒子

高晶儀 Crystal, Gail Shangkuan Koo

高景信 Christian, Gregory Shangkuan Koo

他們令生兒育女成為我們充滿喜樂的詔命

序一

全世界的爸爸媽媽都想成為兒女的最佳父母。但是，何為「最佳」？和大多數人一樣，新任父母從試驗和錯誤中學習為人父母之道，有時是正確的方法，更多時候，是錯誤的，不幸的是，這些錯誤往往導致不可預見的長期不良後果。

居住在香港這個繁榮、節奏快速的城市的家長，大都受過良好教育，事業成功，人人都希望自己的孩子，不僅僅是最佳的，更要擁有全佳：最佳玩具、最佳保姆、最佳衣服、最佳學校等等。在這個競爭激烈的社會裏有許多「永無止境的父母」，務要確保供給兒女最佳機會，邁向成功；而且，還希望他們能夠成為永永遠遠快快樂樂的人。

然而，不少香港家長由於忙於工作和應酬，把每天的養育責任交給家庭傭工。當兒女變得驕縱無禮，目無尊長，散漫，學習上不負責任，家長甚或會責怪可憐的家庭傭工；可是，請別忘了，他們既不知如何管好孩子，況且本來也不是聘請來代替父母的。世上無「承包父母」！

香港家長面臨獨特的挑戰：從東西方文化的智慧中取得平

衡。當現代化的育兒信念，與傳統發生矛盾時，父母需要真正的智慧，慎思明辨，在為自己，為孩子而做的日常決定中，權衡利與弊。

換言之，育兒決定並非在真空中發生，或者，是一種價值中立的推理。育兒實實在在是信仰和價值觀的問題，加上一份無私，慈愛和持久存在的動機。

擇善固執的父母如何學習成為最佳父母呢？他們的育兒目標該是什麼？如何達到該目標？我們有能力成為心目中的理想明智家長嗎？

本書為你提供從《聖經》而來的智慧，並心理學的見解，指導你作為家長，在生活的各個領域內，辨別什麼最適合你和孩子。誠如巴刻（J.I.Packer）高見，我們需要有一種智慧，能夠賦予「高瞻遠矚的能力，選擇最佳和至高目標的傾向，以及最有效的實踐方法」。

上官賢恩博士

2013 年 2 月
菲律賓馬尼拉

序二

上官賢恩博士是我多年朋友及青年教育的同伴。作為菲律賓華裔，她有豐富的雙重文化傳統。她是一位出色的作者和編輯。她出版的期刊《耶利米的兩難》(*Jeremiah's Dilemma Quarterly*)啟發許多肯思想的基督徒和朋友。

能率先閱讀《聖經的教養智慧》一書，深受鼓勵，因為我知道上官賢恩是身體力行的。她的丈夫高覺新先生亦是我的好朋友。他們夫婦合作當一對父母，培養出一對出色的孩子，在其個人專業上有所成就。

本書深入探討以《聖經》為本的世界觀可以怎樣當父母。是現今「隨意父母」的世代的一滴涼水。賢恩重視全人成長，不單是智育和學業成績，她以人生的「北斗星」為生命的目標。她建議每個家庭都要有願景和目標。她不單分享自己作母親的經驗，亦引用大量的學者之言，如瑪格麗特·米德、巴刻、蓋茨的父親等。

她勇敢面對作為父母的苦難與艱難，由第一天的「生產之苦」至每天的忍耐培養。這本書是給作父母或快將為人父母的一束錦囊。若然小心閱讀，此書可以改變我們，和改變我們的現代文明。

梁永泰博士

突破機構總幹事

序三

孩子是神的禮物、神的祝福；孩子是生命的延續、智慧的承傳；孩子會為世界帶來更多的愛、更多的希望。在二十一世紀要肩負起父母的責任殊不容易，因為社會上充斥着不同的價值觀。引領孩子行當行的路，是父母責無旁貸的社會責任，這需要很多耐性，這需要很多智慧。

多謝 Grace 累積三代的經驗，跟我們分享一條行之有效的路，讓家長能遵循正確的方向，培養下一代。無論時代如何變遷，我深深相信，這條路適行於過去、現在與將來。

願此書能啟迪千千萬萬的家長，完成神的交託，給予孩子適當的培育，在世間延續愛！

陳保琼博士

耀中教育機構校監

Raising Wise
Dads, Moms & Kids

第一課

重建為人父母的榮光

你認為為人父母，是禮物，還是重擔呢？倘若你視之為值得珍而重之的祝福，令人歡欣鼓舞的榮譽，你必須確保這神聖之旅始於《聖經》的神聖話語，而不是人的話。須知是上帝創造了父母，並賜予他們一份奇妙的地圖。

「是時候了，用力！」快將成為人母的女人重重喘着氣，用盡全身力氣，汗下如雨，她的臉漲紅如熟透的布冧，頭髮濕透，聲音沙啞，雙手緊抓着陪伴的人。

我看過 BIO 人物傳記頻道（*The Biography Channel*）的電視節目〈忙碌的產房〉（*One Born Every Minute*）。惟有婦女生孩子這件事，才能充分闡述「生產」一詞的含意。也許，有人會感到不解，為何全世界婦女竟然願意生孩子，名副其實的「拼命」。

當我生頭胎孩子時，也如此想。感到在這場「不公平遊戲」中有點受騙上當，我對可憐的外子和婦產科醫生（與我們一同守望了逾 12 小時）宣告：「我不會再生孩子！怎麼女人那麼容易受騙！」語氣十足一個被寵壞了的小孩。

翌日，朋友冬青來訪。當我們在育嬰室看望我的女兒時，她向我下戰書，看看下週我會否仍然堅持相同想法。三年後，我和外子誕下一個兒子，為我們簡單的一家四口：父、母、女、子畫上圓滿的句號，心滿意足。現在當我觀看有關生孩子的電視節目，我慶幸生孩子之前，並未確切知道現時攝影機所拍錄下來，其真真實實，血與汗的掙扎。我也擔心今天的年輕人會嚇個半死，因而不願意建立家庭。

銅板的另一面是，過去多年來，我聽聞許多夫妻窮思殫慮想要孩子，他們上窮碧落下黃泉，尋找治療不育或流產的良方。

多年來，班妮*經歷多次流產，每次上洗手間時總感焦慮不安，深恐內褲出現血迹。瑪莉*多個星期以來飽受注射的痛苦，每天早上咬緊牙關，可是仍不能受孕。芬妮*因服藥量不斷增加而感到頭暈目眩、嘔吐，在別人身上有效的藥物，於她卻毫無作用，她難以置信。(*為化名)。

她們問我為何上帝拒絕賜給她們孩子，諷刺的是，與此同時，在城市貧困地區，孩子被父母忽略，隨街亂跑。這是一道難題，事實上，這道問題必須從《聖經》中有關兒女和家庭的教導來理解。

一份寶貴的禮物

兒女是來自上帝的禮物。(〈詩篇〉127：3-5)能夠成為父母是一份福氣。視生兒育女為天經地義的人無法領略到箇中價值和責任。有父母視生孩子不過是自然不過的事，甚至是一宗意外，完全沒有珍惜這份禮物的意義。反過來，質詢上帝在這方面要公平地賜福的人，似乎未能領悟祝福是一份禮物，不能賺取或索求。

成為家庭的一份子可以說是「身為人類是最重要的特權」，《家庭的力量》(*The Power of the Family*)的作者，保羅．皮爾梭(Paul Pearsall)說：「成為家庭的一份子是最具治療意義的存活經驗，也是一生之久的資源，也有助人終身不斷發掘活着的真正意義。」[1]

建立家庭是人類文明最蒙福的特權。媽媽腹中所孕育的就是上帝慷慨的贈予。我們該如何看待這份禮物呢？

以你在聖誕節或生日收到的禮物為例吧。在許多國家，禮物可以退回或交換。你能夠想像父母要求退回或交換自己的孩子嗎？在我們這個翻來覆去，瞬息萬變，隨用隨棄的社會，這樣說不是過於牽強吧？

當收到一份禮物，你會有什麼反應呢？可能你會驚喜交集：「呀，一份多麼合用的禮物！送禮的人怎會如此準確知道我喜歡什麼呢？」或者，你會感到失望：「天呀，這是我最不想要的裙子顏色，難道她沒有留意到嗎？」你可能感到苦惱：「這是什麼鬼東西！」你可能感到不開心：「相對於之前她生日時我送的禮物，這是我當得的回報嗎？」或者，你不在乎，把禮物放到一邊，忘得一乾二淨，或者，你已經打定主意將禮物轉送別人。

但是，孩子不可退回，更不可回收。事實上，送禮者期望你好好照顧他，天天為他「增值」，以至成為「無價之寶」。他或她的身上盛載着你的投資 ── 愛、淚水和禱告。這就是對待上帝交給你和配偶的禮物的正確態度。這份禮物是一份祝福，也是一份責任，你有幸獲得並要快樂地承擔。

一份尊貴的責任

是的，母親生孩子時是拿自己的生命去交換。不但如此，母親更要甘心付出自己的生命照顧新生命。當父母手抱初生嬰兒回家時，他們一起鄭重決定要培育、珍惜和對孩子負責任。

父母是孩子成長的主要負責人 ── 責任不能旁及他人。請勿將責任推卸給保姆、教師、祖父母、社會、大眾媒體，以及千千萬萬個其他因素。

今天，正當撰寫這一章之際，我從《南華早報》讀到中國倫理學研究協會（China National Association for Ethical Studies）展開了一場為期五年的新道德運動，[2] 計劃要培養一百萬名「負責任的孩子」。據報道，運動旨在教導四至六歲的在學兒童，學習孝道和尊敬父母。香港人看待這條新聞時會滿腹狐疑。無論如何，若我們仔細審視，將不難發現，正是成千上萬缺乏道德培養的家庭，為社會帶來許多罪案和暴力。

〈箴言〉22：6 説：「教導孩童，使他走當行的道，就是到老他也不偏離。」這是一條正道：有標準，有規矩。教導要從小開始。早期教導將產生長遠果效。教導是一條漫漫長路，並非現成，或固定的，也非一蹴而就的事。

為人父母是一件值尊敬的事。尊敬意味着置某人於重要的位置上，配得我們為他們奉上最好的。我們因着上帝的信任而承擔起一切責任，上帝就得到應得的崇敬。為人父母亦意味着尊重那安放於我們手上的生命，尊重孩子就是你將培育孩子置於最優先的位置上。對父母和子女而言，尊敬是一條雙程路，孩子因你尊重他們而尊敬你。我們尊重孩子，因他們是照着上帝的形象而造的，你以孩子為榮。你的孩子以父母為榮嗎？

隨意或有意育兒

在《親職也革命》(*Revolutionary Parenting*)一書[3]中，巴喬治（George Barna）指出，家庭危機是「隨波逐流親職法」（parenting by default）的結果，是父母隨心所欲，選擇阻力最細的道路——甘於受社會約定成俗和傳統牽着鼻子走。「隨波逐流親職法」越過以權威育兒的過程，其目的只為討好每一個人——父母和孩子。

我在哈佛大學跟羅伯特・凱根博士（Dr. Robert Kegan）修讀「成年人發展」課，他認為，育兒首要期望是「在家裏做主——設定規矩和角色，建構家庭的目標願景。」[4]

你對家庭的目標是什麼？我們經常為自己的公司和事業訂立目標。大企業、小公司、大學和教會小組都會討論目標，甚至找來專家教授。然而為人父母的，有沒有為自己的家庭訂下目標呢？

每次舉行親子工作坊，我都會邀請夫婦花點時間寫下他們的育兒目標。他們常常將焦點放在靈性和道德教育上——敬畏神，做個好兒子，自重等等。接下來我問他們每天花多少時間思想這些目標，還有是他們實實在在做了些什麼來達到這些目標？當聽眾看見自己的目標和行動之間的差距，無不大吃一驚。在日常生活裏，父母為了子女的讀書成績操心，遠勝過子女的其他一切，以至忘記了更為重要的 —— 建立品行的目標。

你家庭的願景和目標又是什麼呢？

親子藍圖

許多初為父母的從嘗試和錯誤中學習育兒法。若說每位父母都是「業餘育兒」，一定不為過，學校沒有開設「為人父母」一課。也許，你可以辯說每個孩子都是獨特的，對某個孩子有效的方法，對另一個可是錯的。由是，對於許多爸媽，親子關係像做實驗 —— 試驗一套又一套不同的親子方法，然後，眼看無一方法生效就會深感困惑和挫折。

好消息是，「父母」一職並非我們這些容易行差踏錯的人發明，發明的乃是全知全能的上帝。上帝的教導記錄在古老的《聖經》裏，為世界各地，不同世代，願意跟隨祂指示的認真父母，提供了歷久彌新，放諸四海皆準的藍圖。

我今日所吩咐你的話，都要記在心上，
也要殷勤教訓你的兒女。
無論你坐在家裏，行在路上，躺下，起來，都要談論。
也要繫在手上為記號，戴在額上為經文，
又要寫在你房屋的門框上，並你的城門上。
(〈申命記〉6：6-9)

這段經文以「示瑪」(shema）開始，意即「聆聽」(6:4)。父母獲得的呼召就是「留心」，就是〈申命記〉裏一些重要的字詞：敬畏、保守、教導和愛。

這段重要的經文提出如何培育子女，向我們展示一個計劃，也提供了該由「誰」來施教、應該教導什麼、如何教導、何時教導、在何地教導，以及為何教導等重要答案。

由「誰」施教？爸媽是孩子首席和最重要的老師——不管爸媽喜歡與否，或準備好沒有，甚至是否實在地做。有一對將這事上心的爸媽，這孩子便為有福。

父母受命要教些什麼？耶和華賜給以色列和祂的子民的誡命。摩西五經包含了許許多多倫理和道德原則，爸媽當花時間努力去明白、珍惜和踐信於行。今天，猶太人仍在頭上繫一個小盒，裏面裝着羊皮紙，寫上取自〈出埃及記〉和〈申命記〉的經文。這些經文如斯重要，猶太人絕不像一些人扔掉舊了的小工具那樣，將其拋棄。

如何教導？「烙印」的意思是戳、刺，用心教導使之牢記在心，好像在動物身上烙上其所屬的印記。其二，爸媽經常掛在唇邊，就是在日常交談，即相愛的關係中，自然而然的場合裏。其三，爸媽有意識地教導，並以身作則。額頭象徵有意識，手則象徵身教。其四，爸媽教導的結果，鄰居有目共睹。門框上的標誌顯明這家庭所持守的立場。

何時教導？坐下，行走，躺下，起來，從日出至日落。這幅圖畫顯示了爸媽要花多少時間和孩子在一起。

何地教導？家裏和路上。在家裏，和家外走動，爸媽都陪伴着孩子。沒有時間之「量」，何來時間之「質」？

為何教導？〈申命記〉6：2-4 其中一句提到：「好叫你和你的子子孫孫，一生敬畏耶和華你的神。」這是任何父母都不想錯過的應許。因為上主，也是我們的上帝，是獨一的。除祂以外，別無別神，我們要以全部情感、理智、意志和毅力來愛祂。

好好教導孩子，是我們全心全意熱愛全能的天父之表現，也是以我們所有毅力愛上帝自然而然的結果。

養育耶穌

新約《聖經》讓我們看到好父母的精彩榜樣。耶穌在世時，生於馬利亞和約瑟之家，他們養育他成為無與倫比的人。作者路加記載：「約瑟和馬利亞照主的律法，辦完了一切事，就回加利利，到自己的城拿撒勒去了。孩子漸漸長大，強健起來，充滿智慧，又有神的恩在他身上。」（〈路加福音〉2：39-40）耶穌充滿智慧，又有神的恩在他身上。何等有福的孩子！

路加繼續寫道，「每年到逾越節，他父母就上耶路撒冷去。」（〈路加福音〉2：41）耶穌不僅僅出席節期，他更積極參與：「坐在教師中間，一面聽，一面問。凡聽到他的，都希奇他的聰明和他的應對。」（〈路加福音〉2：46-47）這男孩顯然被教導成會聆聽、思考、提問和質疑。好一個全情投入的學生！

這男孩耶穌沉醉學習當中，以致忘了跟隨父母回家。當他們找到他，「他就同他們下去，回到拿撒勒，並且順從他們。」（〈路加福音〉2：51）順從是耶穌最重要的素質。他順從天父，以至於死。

「耶穌的智慧和身量，並神和人喜愛他的心，都一齊增長。」（〈路加福音〉2：52）他全面發展——精神、身體、靈性、心理、社交和情緒都健康。

以上記述，説的是耶穌，卻隱含一幅優秀父母典型的美麗圖畫。

我是爸爸的女兒

我有幸出生和成長於一個敬畏上帝的家庭，這實在是世上最好的禮物。爸媽尊崇上帝，並相信靈性培育就是他們最重要的責任。

在我們成長的年月裏，每逢星期二或星期三晚上，爸爸會帶領全家聚會；我們放下一切手邊的事，花一小時一起唱聖詩、讀《聖經》、祈禱、聆聽爸爸講道。我家一共有九個孩子，大家輪流負責一個部分，例如：排椅子、搬詩歌集和《聖經》、彈鋼琴、帶領唱詩、讀《聖經》。我們還一起四部合唱。

時至今日，當我讀《聖經》時，我仍然彷彿看見我們全家圍坐在客廳裏，聆聽爸爸按《聖經》訓勉教導。當我唱詩，我仍然彷彿聽見他雄渾的男中音在唱低音部。當我祈禱時，我可以想像到他跪在睡房裏，長時間為孩子們祈禱。

爸爸對自己的家懷着清晰的願景，對自己養育的職責定下清晰的目標。他嚴謹，堅定不移。他對自己，對我們的談吐、態度和舉止行為期望甚高。沒有什麼 —— 哪怕是我們的學業 —— 比靈性成長更重要。因此，他花時間在最重要的事上。

巴喬治撰寫的《親職也革命》，認為這是「基於對上帝的信心，以及將親子置於人生首位。投身育兒革命的，將成功定義為：有意識地在孩子身上培養以信心為基礎的蛻變。」[5]

我目睹爸媽活出他們接受為人父母這份禮物的榮譽，我時常努力效法他們。我是爸爸的女兒，深願與他看齊。爸媽深深影響了我們的為人，以及長成怎樣的人，影響遠超過世上任何人，包括國家主席、媒體大亨、高科技主腦，或最有名的電視傳道人。

倘若你有幸獲得為人父母這份禮物，請堂堂正正地接受這奇妙的詔命，並引以為榮。

爸媽的反思札記

在《母親心》（*A Mother's Heart*）一書中，珍．弗萊明（Jean Fleming）說：「倘若我們對為人父母這角色的委身感到泄氣，很有可能不是因為這件事太小，或欠缺挑戰性，乃是因為我們的願景太小。」[6]

孩子還小時，丈夫和我定下三項目標，並告訴孩子。時至今日，已經成年的孩子仍能說出父母的目標：順服、負責任、有自信。

1. 請簡略寫下你給自己三項最重要的育兒目標，並要經常檢視。

____

____

____

「父母應當先培養自己的靈性，
然後，他們才可以培養孩子的靈性。」
—— 葛培理（Billy Graham）

2. 你如何培養自己的靈性？若你之前沒有留意，你計劃怎樣去做？從現在開始，在你的行事曆上，寫下具體的方法和訂出明確的時間表。

____

3. 你認為哪些事能夠形塑理想父母？請描述理想父母的三項素質或行為。

4. 我是理想父母嗎？從花錢和花時間陪伴孩子兩方面自我評估。

A = 卓越　B = 良好　C = 滿意　D = 及格　E = 不及格

評級

爸媽每日禱文

感謝耶穌，賜給我 ______________（孩子的名字），

他是你的掌上明珠。

請賜我能力，教導他視你為珍寶。

幫助我活出為人父母的詔命，

使孩子的智慧和身量一起增長，同得上帝和人的喜愛。

阿們。

註釋

1. Pearsall, Paul. *Power of the Family*. New York: Bantam, 1990, 4.

2. "Morality Campaign to Create 'Dutiful Children'. *South China Morning Post*. Nov. 1, 2011.

3. Barna, George. *Revolutionary Parenting*. Tyndale Publishers, 2007.（中譯本：潘心慧譯：《親職也革命》，香港：天道書樓，2008。）

4. Kegan, Robert. *In Over Our Heads: The Mental Demands of Modern Life*. Cambridge, MA: Harvard University Press, 1944, 86.

5. Barna Group, Ltd. "Research Shows Parenting Approach Determines Whether Children Become Devoted Christians." Ventura, CA. April, 2007.

6. Fleming, Jean. *A Mother's Heart*. Colorado Springs, CO: NavPress, 1982, 37.

第二課

為何爸爸媽媽同等重要

我們常常將育兒視為媽媽天經地義的責任。但《聖經》可不這樣看。調查研究讓我們看到，缺少了爸爸的參與和帶領，孩子很有可能會出現許多心理毛病。爸爸與媽媽的影響不同，但兩者同等重要。

我相當肯定，在爸爸和媽媽當中，有心閱讀這書的會是媽媽。若你是爸爸，讓我加倍恭喜你！一般而言，母親比父親更着急和熱心學習親子知識。在我們的社會裏，爸爸是眾望所歸，當養家餬口的主角，養育孩子的責任自然而然落在母親身上。

爸爸也重要？

爸爸重要嗎？著名的人類學家瑪格麗特・米德（Margaret Mead）觀察到「對任何文明而言，最極致的考驗是能否教導男人成為好父親。」[1] 社會學家憂心忡忡：過去三十餘年，家庭不但失去了爸爸，連為父之道也一併丟失了。大家不再關注爸爸的重要性，儘管爸爸在家庭中是必須的。

我們應否假定媽媽在養育兒女方面應當起帶頭作用？《聖

經》就不是這樣假設。舊約《聖經》寫到有關以色列歷史給爸爸的囑咐比比皆是，要求他們為了兒女的靈性發展和福祉，將上帝的話語和道路，殷勤指教兒女。新約《聖經》則清楚地指示爸爸，「不要惹兒女的氣，只要照主的教訓和警戒，養育他們。」（〈以弗所書〉6：4）舊約《聖經》使人驚訝，它以強調父親的經文作結：

你們當記念我僕人摩西的律法，
就是我在何烈山為以色列眾人所吩咐他的律例典章。
看哪，耶和華大而可畏之日未到以前，
我必差遣先知以利亞到你們那裏去。
他必使父親的心轉向兒女，兒女的心轉向父親，
免得我來咒詛遍地。
（〈瑪拉基書〉4：4-6）

文化趨勢

雖然，相較於我們父輩的年代，今天的媽媽會期望丈夫更多參與此家，也得到丈夫支持。另一方面，現代爸爸仍得面對工作的牽扯，追求個人成就，以及更高和富裕的生活要求。

社會對單親家庭習以為常，成了一條滑不留足的斜坡，也促成「爸爸不重要」的印象。更有甚者，生物科學和人工受孕技術令婦女不需要男人，便可以當媽媽，打破了雙親的觀念。

令問題雪上加霜的是西方愈見普遍的同性戀育兒合法化。上述這些因素，都削弱了爸爸的角色。

在美國，有三分之一的孩子在沒有爸爸的家庭長大。無父孩子有雙倍可能性中途輟學。[2] 美國全國父親運動（The US National Fatherhood Initiative）公布的數據，説明沒有爸爸如何影響孩子：「父親缺席」家庭的孩子陷入貧窮的可能性有五倍之高。單親媽媽患上憂鬱的機會，比已婚媽媽高兩倍。單親家庭的青少年，尤其是男孩，更有機會成為拖欠債務的高危一族。由單親媽媽撫養成人的子女，更有機會在青少年時懷孕，中學時輟學便結婚，組成的家庭，父母的學歷均會低於中學。[3]

爸爸的貢獻

在孩子的健康發展方面，爸爸如媽媽同樣不可或缺。為父之道是獨特的，與為母之道不同。艾力遜（Erik Erikson）援筆寫道：父愛與母愛的性質不同，媽媽不可取替爸爸的角色。

爸爸自有他們的育兒方法。他們與孩子的交談方式不同，孩子也以不同的方法與他們互動。爸爸和媽媽對孩子不同的溝通方式，給孩子提供更廣闊和豐富的社交經驗，孩子可以從中學習到性別的差異。爸爸更多跟孩子玩耍，進行體力活動，有助鍛煉孩子的體能和耐力。爸爸更要鼓勵孩子在體育中競爭，練得獨立自主。

慈愛的爸爸積極參與孩子的成長過程，有助孩子長大後，學成堂堂正正的君子，和如何對待女性，由是，他們與異性的關係有可能更為健康。爸爸是女孩生命中第一個男人，第一個她所愛和愛她的男人。由是，爸爸給女兒的禮物是：讓她知道她是值得珍愛的，有尊嚴的，她可以為自己身為女性感到自信。沒有爸爸或爸爸很壞的女孩，由於沒有從生命中第一個男人得到認同，極有可能為焦慮驅使，胡亂尋求男性的認可。她們更容易陷入淫亂的兩性關係，或者，反過來，痛恨男人。

積極參與教養，並充滿慈愛的爸爸，可以使兒子更明白何謂男子氣慨。男孩從爸爸那裏獲得對自己的陽剛之氣的肯定。爸爸也會幫助兒子理解明白男性性慾、男性衛生和合宜的男性行為。男孩若有慈愛和積極參與教養的爸爸，較不容易變得暴力。

媽媽一般傾向於強調關顧和同情，爸爸則更常強調公平和管教的規則。調查研究顯示，青少年需要爸爸強而有力的領導。還有，若爸爸關心孩子的學業，孩子在學校的表現會更好。如果爸爸肯花時間陪孩子，表達對他們的愛，孩子會更有自信。大部份孩子都能從爸爸的言行學習到合宜的表達意見和做決定。

陰和陽，東與西

我的爸爸和媽媽的性格猶如陰和陽。老爸外向，可以和任何人，哪怕是完全陌生的人打開話匣子，侃侃而談。老媽生性羞怯，樂得讓父親主持大局。

老爸是個理想主義者。他閱讀古籍，在當地報刊上撰文發表意見。他個性鮮明，期望極高。他激勵我們九個孩子敢於作夢，並要在所投身的專業領域內，追求卓越不凡。

老媽養育兒女時，很注重實效，是一位完美的家庭主婦。在二十二年當中，她餵哺和養育九個孩子，每天給這大家庭燒飯，接送孩子上學，儘管有時孩子上學和放學時間不盡相同。我們玩耍完，或上牀睡覺之前，她必要確定我們洗淨雙腳。她帶我們去看醫生和牙醫，若我們需要留醫，就留下陪伴，這是她的終極責任。老媽可沒有空成為像老爸那樣的理想主義者。

老爸教曉我們重視體育，帶我們去青年會上游泳課，每週在 Dewey Boulevard（前名 Roxas Boulevard）緩跑，還報名參加田徑賽。他訂下「宵禁令」，並嚴格執行，不許我們約會遲過晚上十時鐘歸家。女兒的男友 —— 也是我們七姊妹日後的丈夫 —— 必須通過老爸直接「評核」。我們在老爸的護蔭下成長。他向我們展現了一位理想的丈夫和爸爸形象。

從爸媽身上習得為人父母之道

我和丈夫覺新均在雙親家庭長大。雖然性格和背景不同，我們各自以獨特的方式為孩子晶儀和景信的成長作出貢獻。孩子還小的時候，我們已在督導孩子的功課一事上分工合作，雙劍合壁。我擅長文字，於是，孩子的閱讀、語文、文學、社會課是我負責。覺新負責科學和數學，物理和化學，他可以不看筆記，使用具體的例子闡釋理論。

直到今天，全家旅行時，必定參觀博物館。我安排參觀藝術館：繪畫和雕刻，丈夫帶孩子去科技館和動物園。在國外旅行時，我強調文化活動：音樂會、戲劇和遊覽古蹟，丈夫和孩子去游泳、浮潛、潛水和滑雪。我用故事啟發孩子，丈夫則教孩子銀行和貨幣的事。

由於父母共同參與孩子的成長，使得我們的孩子左右逢源，既得藝術，亦得科學。倘若在孩子的童年和青少年時期，我們其中一人缺席，他們所得到的人生閱歷——有關人、世界、活動和地方的，就只有一半了，福氣也會減半。

比爾・蓋茨對父親的感激

老比爾・蓋茨（Bill Gates）所著的《比爾・蓋茲是這樣

教出來的：成功的關鍵，就在人格的養成！》(*Showing Up for Life: Thoughts on the Gifts of a Lifetime*)[4] 關於對孩子一生受用的教導，包括勤奮、誠實、慷慨、開明、自信、與人結連等等。吸引我幾年前購買此書的是比爾·蓋茨所寫的序，他寫道：「爹，下次有人問你是不是真的比爾·蓋茨時，我希望你回答：『是。』我希望你告訴他們，你是另一個比爾·蓋茨努力想成為的人。」

在老比爾·蓋茨的書中，有一章題為〈我從孩子身上學到的課程〉，作者縷述他從孩子所學的，例如：他從長女凱莉學到才能，本以為她會繼承父業，但她更喜歡追求安靜。他又從Trey（比爾·蓋茨的暱稱）學到孩童的好奇心可以存留一生之久。老爸留意到，兒子瘋狂啃書，是因他非常好奇，於是，他爸就嘗試培養那份好奇心。

老蓋茨忠告：藉着學習如何為人父母，當「在場的父母」。藉着仔細思考你要成為怎樣的父母，和怎樣才能達到目標，作「在場的父母」。[5]

我們樂於聽從名人父母的忠告，又要讚揚積極參與教養的爸爸。不過，其實我們每個人都可以從自己的爸爸身上習得為人父母之道。

爸爸效法天父

我們常常視父神為創造主，生命的賜予者，掌權者和保護者。但是，《聖經》常常提到祂也是地上爸爸效法的父親典範。

父子作家肯尼斯（Kenneth Gangel）和杰弗裏．甘格爾（Jeffery Gangel）同寫了一本書，題為《像父親那樣為父：成為上帝要你作的老爹》（*Fathering like the Father: Becoming the Dad God Wants You to Be*）。[6] 爸爸要從父神那裏學習，上帝怎樣愛、溝通、饒恕和管教。

〈馬太福音〉6：26 說：「你們看那天上的飛鳥，不種也不收，也不積蓄在倉裏，你們的天父尚且養活他們。你們不比飛鳥貴重得多麼？」父親供養孩子，讓他們衣食無憂。

父親應該天生慈悲，或習得慈悲。〈詩篇〉103：13 說：「父親怎樣憐恤他的兒女，耶和華也怎樣憐恤敬畏祂的人。」事實上，父親懂得怎樣給予，正如〈路加福音〉11：13 所說：「你們雖然不好，尚且知道拿好東西給兒女。何況天父，豈不更將聖靈給求他的人麼？」

再者，父神也管教祂的孩子。這是有效的為父之道。正如〈希伯來書〉12：5-9 說：

「你們又忘了那勸你們如同勸兒子的話，說：我兒，你不可輕看主的管教，被他責備的時候也不可灰心；因為主所愛的，他必管教，又鞭打凡所收納的兒子。你們所忍受的，是神管教你們，待你們如同待兒子。焉有兒子不被父親管教的呢？管教原是眾子所共受的，你們若不受管教，就是私子，不是兒子了。再者，我們曾有生身的父管教我們，我們尚且敬重他，何況萬靈的父，我們豈不更當順服他得生嗎？」

最後，我們從耶穌花時間教導我們的故事中向天父學習。〈浪子〉是一個最為溫暖人心，有關父與子之間深沉關係的故事。威廉・巴克利（William Barclay）在所著的釋經書中提出，這比喻應稱為「慈父的比喻，而不是浪子，因為他從不是一位英雄。」[7] 這篇精彩的故事告訴我們有關一位饒恕的上帝——一位時刻等待，翹首盼望兒子歸家的父親。最後當兒子歸來，父親饒恕他，無一言指責。

現在同一位父親（天父）也在等待眾爸爸歸家。「浪父」們，請返回你們的孩子身邊吧。

父親與兒子，你們的心當回轉

上帝呼召亞伯拉罕時，說：「我眷顧他，為要叫他吩咐他的眾子和他的眷屬遵守我的道，秉公行義，使我所應許亞伯拉罕的話都成就了。」（〈創世記〉18：19）「眷顧」一詞英譯本為「揀選」(chosen),「揀選 —— 吩咐他的眾子」,這就是為父的詔命。

倘若我們讀舊約第一卷書〈創世記〉的這段經文,一直讀至最後一卷書〈瑪拉基書〉最後一段經文(4:4-6),我們將不難看到為父之道已經淪陷,以致先知要不斷呼喚「回心轉意」。

約翰·派柏(John Piper)問道:「父親對孩子回心轉意,這是什麼意思呢?」他警告:「對孩子回心轉意的反面是什麼?就是背轉心。父親們,你們只要忽略孩子就可以背轉了心,你將自己埋入工作當中,以致孩子只得到你生命中的渣滓。」[8]

至於那些需要將心轉回父親的孩子呢?怎樣的心需要回轉?就是那些叛逆和不順服的孩子。這可以是一個五歲,或十五歲的孩子,以至於任何年齡,忽略父母的孩子。

在〈箴言〉裏,世上最有智慧的人,所羅門王提出以下的重要忠告:

我兒,要聽你父親的訓誨,不可離棄你母親的法則(法則或譯為指教)。(1:8)

我兒,你不可輕看耶和華的管教,也不可厭煩他的責備(管教或譯為懲治)。(3:11)

所羅門的箴言：智慧之子使父親歡樂；愚昧之子叫母親擔憂。(10：1)

「一位平凡的父親和一位平凡的母親要比國家最高領導更重要，」英國作家 G.K. 卓德（G.K. Chesterton）説，「最強大的政治風暴也不過是浮生掠影；平凡的爸爸，平凡的媽媽，及他們平凡的孩子卻可以改變國家的命運，千真萬確。」

爸爸的反思札記

1. 我喜歡和孩子在一起嗎？是，為何；否，為何？

2. 我的孩子喜歡和我在一起嗎？是，為何；否，為何？

3. 我在哪些方面參與孩子的生活？（溫馨提示：列舉你和孩子所做的活動，或你們交談的話題。）

4. 我可以嘗試在哪些方面多些參與孩子生活？（溫馨提示：在他們現階段的年紀，有哪些需求必須父親在場和參與？）

____

____

____

5. 我要自己的孩子如何記起父親什麼？我離這幅圖畫有多近？多遠？

____

____

____

媽媽為爸爸的參與打分

請在你的丈夫有和孩子做的事前畫上剔號：

丈夫現在，或曾經參與：

__ 1. 換尿片

__ 2. 給孩子讀故事

__ 3. 和孩子一起玩遊戲

__ 4. 督導孩子的功課

__ 5. 和孩子一起祈禱

__ 6. 教孩子使用電腦

__ 7. 帶孩子去動物園或博物館

__ 8. 陪同家人到外地旅行

__ 9. 購買書籍或教育工具

__ 10. 幫忙做家務

爸爸的參與度：____ %

爸媽的禱文

我們在天上的阿爸父，你是我們最好的父親，

我們來到你面前，謝謝你賜福我們，給我們地上的父母。

也感謝你，祝福我們可以為人父母。

我們願常常來到你面前，尋求你的引導，

和為父為母的智慧。

幫助這家的爸爸成為一家之主和保護者，

幫他成為一個慈愛和寬恕的人，並以愛相連全家，

以至「我們在天上的父」的名得到至高無上的尊崇。

奉耶穌的聖名求，阿們。

註釋

1. Quoted by David Blankenhorn in “The Good Family Man and the Pursuit of Happiness in America.” Institute for American Values Working Paper. Nov., 1991.

2. US Census Bureau, 2009.

3. National Fatherhood Initiative.“Father Factor in Poverty.” www.fatherhood.org. 2003.

4. Gates, Bill Sr. *Showing Up for Life*. New York: Broadway Books, 2004.（中譯本：洪蘭譯：《比爾．蓋茲是這樣教出來的：成功的關鍵，就在人格的養成！》，台北：平安文化，2010。）

5. 同上書，頁 70。

6. Gangel, Kenneth and Jeffrey. *Fathering Like the Father*. Grand Rapids, MI: Baker Books, 2003.

7. Barclay, William. *The Daily Study Bible: The Gospel of Luke*. Revised edition, 8th reprint. Edinburgh: St. Andrew Press, 1987, 205.

8. Piper, John. “He will Turn the Hearts of the Fathers to the Children.” Sermon preached on December 27, 1987. www.desiringGod.org.

Raising Wise
Dads, Moms & Kids

第三課

順服和可信

明智的爸媽是有權威的，但不是獨裁者。他們明瞭自己手上的權柄來自上主，不會拱手相讓，卻以正直持守這份榮譽，如此，孩子也會愛他們。當順服的孩子認識當守的界線時，就有安全感。

晶儀和景信一直都是乖巧聽話的孩子。今天，如果你問這兩位青年人，他們還小的時候，爸媽的育兒目標是什麼？他們將毫不猶疑回答：「ORC：obedience, responsibility, confidence —— 順服、負責、自信。」他們知道，這些目標對爸媽養育他們何等重要。

他們在學時，每天有固定的作息時間表：起牀、梳洗、吃早餐、離家上學。每天孩子放學回到家，就在後園玩，然後會洗澡，和家人一起晚餐，但不可邊用餐邊看電視。接着，他們要做功課，餘下的時間才可以看電視，或做任何喜歡的嗜好（在他們的小學階段，家中尚未有電腦）。若他們想看電視，要在紀錄本上訂時段，寫下觀看的頻道和節目。他們每天最多只可以看半小時電視，如果節目超過半小時，就要用錄影機將節目錄起次日觀看，週末則可以看兩小時電視。

由於學校早上七時十五分開始上課，孩子必須六時起牀，故此，晚上上牀時間，小學時是晚上九時，中學時則是晚上十時。這是熄燈時間，他們也可以選擇在任何時間睡覺，但不准開空調（編按：作者在熱帶國家菲律賓首都馬尼拉定居）；結果，他們都會選擇前者。現在他們已經離家工作和深造，一天，我清理他們的舊書桌，在作業堆中找到一疊成績單，上面有他們的出席紀錄。當讀到他們在小學和中學時，幾乎從未遲到，我不禁微笑起來。

進入大專學院後，他們可以根據上課時間，自行決定就寢和起牀時間。他們善於管理時間，依時畢業。星期日，我們全家上教會，整天在一起，惟有生病了才不用參加主日崇拜。時至今日，我們仍然如此。

每次獲邀主持親子工作坊，我向聽眾分享這些事，他們都認為「不可能」在自己家裡依樣葫蘆。我明白箇中原因。

今天，順服不是一個受歡迎的詞語。如果我們形容一個人順服，很可悲的是，這無異説這人是被動的、白癡、膽怯。可以肯定，順服不是與成功掛鉤的素質，特別在商界或企業界裏，他們要求一個人精明能幹，善於操控，工於心計。

時下的孩子從媒體見到太多不守成規，忤逆，嬉皮和反文化的偶像，這些偶像反抗權威，倡議另類生活方式，包括任何另類的方式，以致沒法理解和珍惜順服對親子關係的發展何等重要。

當父母愈來愈默許這些事，他們不知如何對孩子說「不」，以致不知不覺中，製造了許多都市叢林中的「小怪獸」。可以肯定，忤逆危機就是權威危機。

權威危機

在一個被誤導和癡迷「平等」的社會裏，在爭取平等、民主、人權和自由而奮鬥的呼喊聲中，「權威」被掃入了歷史的垃圾堆裏，等級、順從、規矩和順服看來變成過時和具有壓迫感。

順服是什麼意思？順服是遵從一個人的命令、指示或要求。同時，順服也意味着依原則或法律行事。小孩子必須學曉，在這世界的正常生活裏，總要遵守法律和規矩。

行人紅燈亮起時要站住，生病時服藥，吃飯前洗手，排隊時不插隊，不偷竊——這些簡單的規矩令世界更美好。是的，不順服將帶來不愉快的後果。小孩子要明白這些「規矩」是為保護他們，這是很重要的。

規矩從家學起。在《現代生活對心智的要求》(*In Over Our Heads: The Mental Demands of Modern Life*) 一書中，作者羅伯特．凱根 (Robert Kegan) 說：「身為父母，我們這

些成年人應當在家中當家做主，訂立家教，長幼尊卑，以及建設家庭願景」。[1]

凱根博士談到，當他詢問父母們，在他們的心目中，一個十歲小孩需要從父母身上學到最重要的是什麼事（除了衣食住行這些基本需要之外），父母開出的清單通常包括了諸如：愛、體諒、靈活、開放、溫暖、幽默、開明、聆聽的能力、尊重孩子的獨特性、對孩子感興趣的事物感興趣。

「這是一份不錯的清單，但是，這就是全部嗎？」凱根博士問。這是有效的父母之道嗎？這清單還缺了什麼？小孩需要的是「能夠為了信念、掌控大局、義怒而行使權力的父母」，[2] 凱根博士如是說。

權力、權威和控制，這些字眼令人感到不安，尤其應用到為人父母之道時。不過，一個十歲的小孩肯定需要知道有人在主持大局，還有知道自己是安全的。你的孩子能夠信任你有能力領導和保護家人嗎？

當孩子知其界線和規範，他們會感到更安全。凱根博士忠告：「創建家庭願景方法之一是站穩立場……我們所設的限制可能會冒犯（孩子）……可是，無論如何（我們或許仍然相信），為了孩子的安全，施行這樣的『痛苦』實屬必要，因我們要有保護弱者的決心，和合作克勝自私的信念……」[3]

四類型爸媽

權威型爸媽：過去四十年的調查研究顯示，權威型爸媽的孩子取得最正面的成就，這是由戴安娜・布玲博士（Dr. Diana Baumrind）所主持的一項大規模調查研究結果。[4] 她研究了四種育兒類型的父母：權威型、獨裁型、縱容型和抽離型的影響。

權威型是高要求高回應。獨裁型是高要求低回應。縱容型是低要求高回應，抽離型則是低要求和低回應。

獨裁型爸媽：戴安娜・布玲博士的調查研究顯示，獨裁型爸媽與權威型爸媽相反，他們推行的規則僵硬，不肯花時間去解釋規則背後的理由。孩子若不服從這一面倒的規則就會受到

懲罰。獨裁型爸媽要求極高，沒有顧及孩子的需要。這些爸媽以自身身分為本，要求別人跟隨他們的命令。

獨裁型爸媽的孩子或許乖巧聽話，精明能幹，但內心十分不快樂，缺乏自尊心和社交能力。

權威型爸媽：權威型爸媽與獨裁型不同之處，在於權威型爸媽將溫暖和支持與守規矩結合起來，若有需要，才施行管制。是的，權威型爸媽甚期望子女為人行事成熟，因而他們控制大局和提出要求，不過，與此同時，他們溫柔，噓寒問暖，耐心聆聽，也敏於孩子的想法。

在權威型爸媽的蔭庇下成長的孩子，得益匪淺，爸媽的影響深遠。一般認為服從規矩的孩子比較被動、膽怯和魯鈍，事實剛好相反，心理學家對學齡前兒童的評分顯示，這些孩子活躍，熱情，知足常樂。他們具有自理能力，做事有恆心，有約束力，以及懂得避開惹事生非的行為。

戴安娜．布玲博士在隨後的研究裏表示，女生獨立和成就導向的行為，以及男生友善、合作的行為，均與權威型爸媽密不可分。[5]

還有，其他研究人員的調查也顯示，權威型爸媽的孩子在少年和青年期間表現出色能幹，包括了具備高自尊和內化的道德標準，還有優異的中學成績。[6]

縱容型爸媽：縱容型爸媽雖然噓寒問暖，全然接納孩子，但他們避免行使權力或控制大局，過度容忍，允許孩子任何事上都自行決定，孩子什麼時候喜歡都可以吃東西，什麼時候喜歡就睡覺，什麼時候喜歡就看電視，或上網，一切隨心所欲。

雖然一些縱容型爸媽認為寬鬆的風格是好的，事實上是許多人缺乏自信去影響自己的孩子。他們漫無組織，缺乏效率管好自己的家。

在戴安娜・布玲的研究中，縱容型爸媽的孩子長大後，難以控制自己的衝動，他們被寵壞了，對爸媽過度依賴和要求多多。在課堂上他們難以持久參與投入，忤逆，被動，暴躁。最近的調查研究進一步顯示，縱容型爸媽與男孩子消極、一無所成的行為是有關聯的。[7]

在我的顧問工作裏，我觀察到許多孩子的行為問題是出於縱容型爸媽。我們父母當中，有太多放縱型的「有求必應爸媽」，他們逃避行使權力，沒有向孩子實施控制或設限。

抽離型爸媽：抽離型爸媽對孩子沒有太多要求，也不顧及孩子的需求，幾乎是離得他們遠遠的，絕少交談。在一些極端的個案裏，這些爸媽有可能忽略孩子的需求，更糟糕的是拒絕。

抽離型爸媽的孩子，生活每個方面都顯得十分低下。他們傾向於缺乏自律，自卑，自覺技不如人。

父母學習順服

父母要先徹底明白何為順服，才能期望孩子順服自己。在歷史的長河裏，《聖經》提供了許多有關順服的教導，所以學習順服的最佳之處是《聖經》。

信心之父亞伯拉罕學曉了順服。摩西——傳達上帝誡命的領袖，也如此。大衛——戰士和詩篇的最佳作者；所羅門——世上最有智慧的人，都一樣學曉順服。以色列的十二支派學曉了順服，還有，先知以利亞、以賽亞、耶利米和尼希米，甚至耶穌在地上的母親，童女馬利亞和她的丈夫約瑟也學曉了順服。還有，不要忘了從反對者變成使徒的保羅，他學習順服，直到生命的最後一刻。在寫給腓立比教會的書信中，他提及順服的佳美榜樣耶穌基督：

祂本有神的形像，不以自己與神同等為強奪的；
反倒虛己，取了奴僕的形像，成為人的樣式；
既有人的樣子，就自己卑微，存心順服，
以至於死，且死在十字架上。
（〈腓立比書〉2：6-8）

聖誕節是關於順服的故事。受難週和復活節也是關於順服的故事。在這段經文中，我們學習「以基督耶穌的心為心。」(〈腓立比書〉2：5）因此，全家要學習彼此順服：丈夫與妻子彼此順服，爸媽與兒女彼此順服。(〈歌羅西書〉3：18-20）

〈箴言〉6：20-23 強調聽從父母的重要：

我兒，要謹守你父親的誡命；
不可離棄你母親的法則（或譯：指教），
要常繫在你心上，掛在你項上。
你行走，它必引導你；你躺臥，它必保守你；
你睡醒，它必與你談論。
因為誡命是燈，法則是光，訓誨的責備是生命的道。

信任和順服

當我們能夠信任一個人，我們便順服那人。我甚喜歡《信靠順服》這首簡單的歌曲：

在主真道光中，我與救主同行，何等榮耀照亮我路程，
只要遵主旨意，主肯與我同行。
信靠順服，此外不能蒙福，若要得主裏喜樂，
只要信靠順服。
—— 約翰．森美斯（John Sammis）《生命聖詩》

上帝的心意不是要我們不快樂。事實上，順服就是要引導我們走向快樂。在《基督教要義》（*Institutes of the Christian Religion*）一書[8]中，約翰・加爾文（John Calvin）説：「所有關於上帝的真知識均從我們的順服而來。」若我們不順服，甚至可能無法真正認識上帝。人生是關乎於誰是我們要順服的。

首要原則

在兒童發展當中，學習順服是非常重要的一部分。這是爸媽訓練孩子自律、尊重、權威、期望和紀律的工具。孩子需要明智的引導，直到他們有能力做合情合理的決定。

不過，順服不可強加在孩子身上。其目的不是命令他們順服，乃是要他們甘願順服我們，因為我們比任何人更在乎他們的喜好。我們與孩子相處時，一些簡單的人際關係原則同樣適用，諸如：真誠、尊重、溝通、一致以及耐心。小孩可以看得出哪些要求是為了他們的好處，哪些是出於爸媽的個人方便或虛榮心。愛心關懷可以從爸媽如何計劃與孩子在一起的時間上看出來。

我常常看到爸媽和朋友在酒店餐館聊天時，孩子們便趁機通宵搗蛋。有些爸媽喜歡的活動並不適合兒童，將孩子拖到那些社交場合並不是為了孩子的社交，乃是父母用來作為親子時間的藉口。孩子也被拖去旅行，而父母的興趣只是購物。當孩子所見到的「世界」不過是全球一模一樣的購物商場和名牌，這可不會開拓孩子眼界，認識更寬廣的世界。在這樣的情況底下，孩子悶得發慌，躁動不安，大發脾氣，或變得暴躁易怒，爸媽怎有權要求孩子順服？

孩子不是物件，乃是人，有自己的人生主張。孩子不是爸媽的財產，或爸媽的「正文」以外的「附錄」。身為父母，我們需要尊重孩子的時間和空間。他們可以有主見如何使用閑暇時間，或他們的私人空間該怎樣安排。這些都可以有商有量。

但是，每個家庭都要有家規，以確保每個人的安全、穩定和健康，以及對家庭至為重要的，要堅守不移的核心信念和道德價值。孩子不可以操控家庭，或訂立家規。

如何教導孩子順服

權威型爸媽從自己家開始教順服。第一條簡單家規是：睡眠有時，玩耍有時，吃飯有時。

父母必須訂下清楚的家規，説明哪些是可接受的行為，並教導孩子遵守。沒有規矩不成方圓，沒有家規，也就沒有所謂的忤逆。父母沒有訂立家規，也沒有清楚告訴孩子，便不能怪孩子不聽話。

◆ 溫馨提示 ◆

* **家規數條，切實執行。**若父母訂下千條家規，可不要期望孩子能夠記得住，遑論一一遵守，同時，父母也難以執行。家規要考慮周詳，有清晰的期望和後果。

* **依其年齡，循序漸進。**父母要考慮到孩子的年齡，明瞭孩子的發展情況和接受能力，因齡施教。家規清單可依孩子年齡增長而遞減。

* **溝通清晰，公平對待。**以溫和而堅定的話代替咆哮和恐嚇。爸媽語調平和將有助平伏憤怒，從而避免遷怒到孩子頭上。

* **前後一致，一視同仁。**以身作則，活出你所説的話。以自我尊重來贏取尊敬。以相同的家規平等對待每個孩子。要求順服和執行懲戒時，要前後一致。

* **賞善罰惡，動之以情。**當孩子知道父母欣賞和喜歡他們，會感到快樂。有時這就是他們的賞賜了，不過，父母也要將欣賞之情表達出來，不對的行為也要有後果——或是取消特權，或增加家務。不過，更重要的是，在關愛的氣氛中，動之以情，透過詳談來改變孩子的想法。

最後，順服的孩子會尊敬負責任的爸媽説的話，他們也自然會受到他人尊敬。教導順服不容易，但是，其結果無可估量，影響長久存留。

爸媽的反思札記

在你家裏，以下這些事經常發生嗎？請在每句描述前填上 1，2，3，4，5：

1 = 從不如此 2 = 大多時候並非如此 3 = 有時如此

4 = 大多時候如此 5 = 一貫如此

__ 1. 我們的家有家規

__ 2. 我清楚告知孩子這些家規，並期望他們遵守。

__ 3. 我糾正孩子時，語氣溫和。

__ 4. 我是順服上帝的好榜樣。

__ 5. 我是順服權威的好榜樣。

__ 6. 我尊重配偶。

__ 7. 我尊重自己的孩子。

__ 8. 我公平，合情合理對待孩子。

__ 9. 我允許孩子發言。

__ 10. 我們的家有愛，有關懷，使順服成為一件自然，令人愉悦的事。

孩子又如何？

1. 孩子會在哪些方面挑戰你的權威？食物？作息時間？衣服？朋友？上網？看電視？

____

____

____

2. 一般而言，孩子如何表達不滿？是否有改善空間？

____

____

____

3. 哪些環境因素會增加孩子的忤逆？疲倦？在朋輩面前？清晨？深夜？缺乏睡眠？

____

____

____

4. 這些爭議是否源於你的核心價值中不可或缺的部分？或者，這些爭議不過是品味或偏好而已，你們二人都可以改善？

____

____

____

5. 這些爭議，孩子是否也有道理？

____

____

____

爸媽的禱文

主耶穌，你激勵我順服。

請幫助我心甘情願順服你，

明白我可以全然信靠你。請幫助我教導孩子順服。

我把 ＿＿＿＿＿＿(孩子的名字) 放到你的手中，

他當先順服你，爾後是父母。

知道是你將我置於這家中，為人父 / 母，

以引導我（們）的孩子，願我（們）成為值得孩子

尊敬的父 / 母。

奉耶穌聖名求，阿們。

註釋

1. Kegan, 頁 86.

2. Kegan, 頁 79.

3. Kegan, 頁 81.

4. Baumrind, Diana. "Child-care Practices Anteceding Three Patterns of Preschool Behavior". *Genetic Psychology Monographs, 75,* 1967, 43-88.

5. Baumrind, Diana. "The Influence of Parenting Style on Adolescent Competence and Substance Use." *Journal of Early Adolescence.* February, *11*（1）, 1991, 56-95.

6. Chen, Zy, Dornbusch, S. et al. "Direct and Indirect Pathways between Parental Constructive Behavior and Adolescent Affiliation with Achievement-Oriented Peers." *Journal of Child and Family Studies.* Dec., *16*（6）, 2007, 837-858.

7. Baumrind, Diana. "Patterns of Parental Authority and Adolescent Autonomy." *New Directions for Child and Adolescent Development. 2005*（108）, 2005, 61-69.

8. 編註：加爾文著，朱亮華編：《基督教要義》香港：福音證主協會。1992。

Raising Wise
Dads, Moms & Kids

第四課

情緒智商

明智的爸媽學習辨識情緒智商的特徵，明白這不單是交友和社交技巧而已。爸媽教導孩子有關自我認識、自律，以及延遲滿足慾求。學習如何與孩子一起閱讀，提升他們和自己的情緒智商。

一天深夜，孩子早在幾個鐘頭前入睡。我和丈夫也上牀了，談論着白天發生的事，心情輕鬆。經過一天漫長的工作，我們仍然笑聲不斷。

我從枕頭上抬起頭，轉向他，率直地問：「嗯，你感覺如何？」

「什麼？」丈夫冷不防被問到一條如此「愚蠢」的問題。於是，我重複一遍，說：「我的意思是，此時此刻，你感覺如何？」

他將目光移到天花板上，不知如何作答，沉默，開始思考。我認得他的「思考臉」。

過了一會兒，他仍無言以對，我遂碰一碰他，說：「我是問『你感覺如何？』，不是問『你怎麼想』？」

他喃喃地說：「嗯，讓我想一想。」

「你是不是沒有察覺到自己的感覺？」現在，我的語氣聽來有些不耐煩。

他轉向我，一臉茫然，微笑着給出他的回答：「你要我有什麼感覺呢？」

那是二十年前的往事了，當其時「情緒智商」，或情商（emotional intelligence quotient，簡稱 EQ）還不是熱門話題，華人男性尤其不知如何表達情感。

情緒有多重要？

對基督徒而言，情緒重要嗎？基督徒有時對情緒滿腹狐疑，認為情緒稍縱即逝，不可靠。然而，在我們的生活裏，情緒佔據極為吃重和錯綜複雜的位置。

《聖經》也有關於情緒的教導。聖父、聖子和聖靈都有情緒的表達。上帝會憤怒，或者，耶穌渴望如母雞般保護耶路撒冷民眾，或者，我們有可能叫聖靈憂傷。

我們的信念和情緒交織在一起。基督徒和非基督徒感到厭惡的事不盡相同。我們喜悅的事與非基督徒所喜悅的事也不同。情緒受我們的價值觀左右，也受我們的道德標準所影響。

《聖經》有許多故事描述人經歷強烈的情緒。耶穌哀哭；感到憤怒；憂傷；激情澎湃。詩人大衛，以及掃羅王，表現出完全不同的處理情緒方式，而二人的結局也完全不同。掃羅出於嫉妒，想殺死大衛。掃羅犯錯，死不悔改。結果上帝的靈離開掃羅。大衛也犯了嚴重的錯誤，但他真心悔改，〈詩篇〉51篇表達了大衛深沉的懺悔，因而蒙上帝赦免。最終上帝使用大衛，取代掃羅成為以色列王。

〈詩篇〉的作者表達了極為深入和寬廣的情緒：絕望、喜悅、恐懼、感激、抑鬱、怨恨、疑惑、迷亂、義憤、孤單、心滿意足、嘆為觀止。難怪加爾文（John Calvin）稱〈詩篇〉為「剖析了心靈的每一部分」。

《聖經》告訴我們何為真正的喜悅，以及如何表達喜悅。耶穌教導我們為何不要憂慮，以及當我們感到憂慮時，該怎麼調息。上帝的僕人保羅，讓我們看到如何在捆鎖當中仍保持喜樂的心。他指示我們如何與聖靈同行，並且以仁愛、喜樂、和平、忍耐、恩慈、良善、信實、溫柔、節制，面對人生。（〈加拉太書〉5：22）

基督徒不應忽略了靈性裏的情緒動態（emotional dynamics），以及情緒當中的靈性成分（spiritual dimension）。基督徒父母可以培養更高的情緒智商，並引導孩子這方面的發展。

爸媽有多重要

爸媽是孩子早期的情感支持，是孩子發展出自我價值和自尊的主要來源。物以類聚，人以羣分。孩子學曉了有效的個人管理，就會找尋可以得到相同社會支持的環境，而不會結交壞朋友。

情緒智商對一個人的心理健全和身體健康都非常重要。成長時不大得到父母支持的青少年和成年人，患抑鬱症的風險比較高。

EQ —— 情緒智商的特徵

1. 察覺情緒

女性常被認為「情緒化」，這往往不是一句恭維的話。那麼，為何敏於情緒是一件好事？

根據丹尼・高曼（Daniel Goleman）的名著《情緒智商》（*Emotional Intelligence*）的看法，情商的第一項特徵是能夠辨認和道出情緒。

一般而言，女性更容易分享自己的感受，她們的情感詞彙豐富，也清楚辨識詞彙之間的微妙不同。憂傷或失望，受傷或尷尬，微慍或不悅，不滿或厭惡，這清單可以很長，好像同義詞詞典那樣。對男性而言，他們很有可能只得幾個有限的情緒字彙：憤怒、憤怒、憤怒，或慵懶、或渴睡，男性很少會說自己感到憂傷。

察覺到情緒細微之處是明白自己和他人的第一步。我們可以學曉明白情緒，情緒有兩個面向：X 是正向 / 負向光譜，Y 是起 / 伏（高 / 低）光譜。藉着醒察正向或負向情緒的強度（高 / 低），我們就可以像掌握人的體溫那樣處理情緒；我們也可用金融詞彙來形容：查一查你的結算是正數或負數。

孩子還小時，我便教他們有關情緒的詞彙。一天，當時只有五歲的女兒晶儀跑來敲門，說我們家的司機要跟我談談，接着，她加上自己的觀察：他看來十分激動。即使只是一個小女孩，她已掌握了不少情緒詞彙。後來，她成為作家，出版了書，在故事裏細膩地刻劃人物的情感。

格言「說出，便擁有」(name it and claim it)，道出察覺情緒的另一項好處。據高曼之見：「不能察覺自己的情緒令我們受其操縱。」[1] 情緒，正如思考，左右我們做決定，敦促我們去解決問題。

在《聖經》裏，我們看見〈詩篇〉42 篇的作者相當清楚自己的情緒。他對自己說：「我的心啊，你為何憂悶，為何在我裏面煩躁？」(42：5)〈箴言〉宣稱：「心中苦楚，自己知道；心裏的喜樂，外人無干。」(14：10) 處理糾結的情緒第一步是讓那人聆聽自己的心聲。

2. 情緒管理

能夠明瞭自己的情緒，此為第一步；學曉管理情緒，那就走得更遠了。一位媽媽可以能夠整天清楚地說出自己的情緒，卻難以有效地掌控情緒。她能夠平息自己的焦慮不安嗎？能夠給自己打氣加油嗎？能處理忿忿不平嗎？

情緒管理是情商第二個重要的特徵。能夠好好管理自己情緒的爸媽和孩子，很少會出現情緒上的火山爆發，然後悔不當初。他們生氣時，能夠有效地表達自己的不滿，而不是噴發怒氣，或暗暗怒火中燒。

我如何管理自己的情緒？難以用言語表達之時，我彈鋼琴時，貝多芬(Beethoven)熱情奔放的奏鳴曲，或麥克道威爾

（MacDowell）一段輕柔的曲子，都有助於紓解壓抑的情緒。我丈夫的方法是在跑步機上跑步。音樂和運動都是緩解，發散情緒的好方法。

現在孩子都二十多歲了，他們在外獨立生活。我回顧他們的童年，甜美的回憶湧上心頭。即使幼兒時，他們從不大發脾氣，無論在家中，抑或在公眾場合。當他們不開心時，就走進自己的房間聽音樂，或寫故事，或畫機械人。他們習慣騎腳踏車，或在後園打籃球，自個兒活動也沒關係。現在他們是年輕人了，都會彈得一手好結他，各人家裏有一把結他，藉着彈琴減壓。

情緒困擾會減弱清晰思考的能力，遠離緊張場面或人會有所幫助。保持冷靜，以及從 1 數到 10，有助驅散負面情緒。

父母經常犯下無法控制自己憤怒的過錯。〈以弗所書〉6：4 的教導是：「你們做父親（和母親）的，不要惹兒女的氣，只要照着主的教訓和警戒養育他們。」〈箴言〉14:17 警告:「輕易發怒的，行事愚妄。」

3. 自我勉勵

掌控自己的情緒，是實現自我管理的一步。在長遠的人生裏，能夠不斷自我勉勵，是不可或缺的一環。這是情商的第三項特徵。

自勉能力是透過延遲滿足慾求表現出來的。差不多四十年前，研究人員曾做過一項棉花糖實驗，一羣學前孩子面對一項選擇：立刻得到一塊棉花糖，或者，願意等 15 分鐘，就能得到兩塊棉花糖。跟進研究發現，升上中學之後，願意延遲滿足慾求的孩子，和立刻要吃糖的孩子比較，前者的行為問題比較少，包括吸毒或癡肥。在 SAT [2] 測試上，他們的得分平均也高出 210 分。[3]

孩子和成年人相似，若能明白和看重長遠目標，就願意犧牲眼前享受以追求將來更高的目標。他們心懷強烈的動機，在所做的事上，比他人更能堅持到底；即使遇到挫折時，他們也能保持樂觀，愈挫愈勇。

我們的兒子景信，很小的時候就很會拼積木。我看見他將積木一塊疊到另一塊上，從最大型的 Duplo 至中型的 Lego 至最小型的 Technic。他堅持不懈，高度專注，可以長時間獨個兒玩，而不去騷擾別人。有一次，傭人撞倒了景信地板上的「建築物」。翌日，他就開始動手重建。

唸大學時，景信堅持不懈的態度發揮了作用。景信在功課上遇到困難，不會被嚇倒，他重修該門課，加倍用功，設法克服他的弱點——系列記憶（他的強處是空間記憶）。景信在雅典諾大學（Ateneo University）按時完成學業，現在遠赴海外，追求他的夢想專業，是目前菲律賓沒有的科目。我欣賞他面對問題時的態度，保持樂觀，不怨天尤人，會找出有效的方法攻克難關。

《聖經》有許多關於自我勉勵的教導：耐心，勤奮，全力以赴，和心懷希望。「人有見識，就不輕易發怒。」（〈箴言〉19：11）「殷勤籌劃的，足致豐裕。」（〈箴言〉21：5）「你們要分外殷勤……又要加上知識……節制……忍耐。」（〈彼得後書〉1：6）

還有，〈羅馬書〉12：12 給予我們一份處困境的樂觀：「在指望中要喜樂，在患難中要忍耐。禱告要恆切。」

將這些經文牢記在心，當你需要勉勵時，讓這些經文對你說話。一個徹底明瞭自己長處和短處的人，更容易明瞭別人。

4. 同理心

具有高情緒智商的父母和孩子是不自私的人。他們能夠解讀別人沒有說出來的情緒的蛛絲馬迹，感同身受，易位思考。他們與朋輩關係良好，交往順暢。

這是成功的婚姻和家庭生活至為重要的素質。缺乏這種能力，孩子將難以在學校結交朋友和建立長久的友誼。霸凌行為似乎缺乏同理心。但安慰受欺凌者的人是具有情商素質的。許多人對霸凌行為袖手旁觀，說：「我該做些什麼呢？」這樣的人需要培養同理心。

若你在開課第一天想去探訪一家學校，剛巧路過幼稚園，你會看見許多小孩在哭——這是依附關係的自然流露，是健康的。不過，如果你觀察時間長一點，將會發現有些小孩看見別的小孩哭就跟着一起哭。這是同理心的作用。許多富有同理心的孩子會嘗試安慰哭的小孩，可能讓出自己的玩具，甚至媽媽，希望可以安撫哭鬧的。

為什麼這素質會漸漸褪色？小孩漸漸長大，他們開始合理化這些事，找理由來解釋為何他人不該哭泣，為何有些人該打屁股，為何他落得受欺凌，在這過程當中，孩子漸漸失去天生的同理心和同情的能力。

《聖經》裏的好撒馬利亞人故事是一個典型的同理心例子。〈以弗所書〉4：32 教導我們：「要以恩慈相待，存憐憫的心，彼此饒恕。」〈彼得前書〉3：8 所說的相仿：「彼此體恤，相愛如弟兄，存慈悲謙卑的心。」當耶穌去到拉撒路的墓前，他哭了，他感受到喪家的哀傷。耶穌愛這家人。

5. 社交能力

家是首先學習社交技巧的地方。等別人用完洗手間，等齊人一起上車去上學，公平分享食物，分享玩具，幫手做家務，所有這一切是表現情商的時候。社交能力也包括了商議一項計劃，遵守遊戲規則，以及發生紛爭時解決爭端。

這不大常有，卻是真實的，我的孩子在家從不打架，在學校也從不打架。我猜測，這是因為孩子沒有任何理由感到不安全，就是說，他們不需要在家裏打架，或爭競來取得父母的贊同。

我的女兒和兒子天賦各有不同，他們對自己的長處感到怡然自得。孩子從小就明白毋須因對方存在而感到受威脅。身為父母，我們一再讓孩子確切知道他們是照其本相成為我們的「至愛」。愛裏沒有懼怕。

我對一個情況略有微言：就是一些父母選擇可自行操控進度的「在家學習」（self-paced schooling at home），讓孩子失去了許多機會與無數孩子長時間一起生活，學習同理心及社交能力，從而建立內在的情商「雷達」，明瞭朋輩的社交線索，以及適應不同人的性格。

《聖經》三番四次使用「彼此」一詞。〈以弗所書〉4：2，32 說，「以和平彼此聯絡」，「總要以恩慈，憐憫的心彼此相待」。〈約翰福音〉13：35：「彼此相愛」。〈羅馬書〉12：10，16，和 15：14，則分別說：「要彼此相愛如同手足；互相尊重，彼此謙讓」；「要彼此和睦」。〈哥林多後書〉13：11：「彼此勸勉」。〈歌羅西書〉3:16：「彼此勸導，相互勸誡」。〈加拉太書〉5：13：「彼此服侍」。（當代譯本修訂版）。

情緒教練

基督徒父母是孩子的情緒教練。身為情緒教練，父母不會對孩子的情緒等閒視之，認為無關重要，或期望負面情緒趕快消失，或嘲諷，取笑孩子的情感，使用轉移注意力堵塞孩子的情緒。

情緒教練不是「一味反對」的家長，不會批評，譴責，甚至懲罰孩子的情感流露。情緒教練也不是放任的家長，當孩子經歷負面情緒時，不阻止其傷害性行為，或袖手旁觀，不引導孩子解決問題。

情緒教練型的父母，察覺和珍惜自己的情緒。他們也珍惜孩子的情緒，並視之為建立親密關係的大好機會。當孩子感到傷心、生氣或害怕時，他們會花時間陪伴，引導孩子調節情緒，又會替孩子解決情感問題。

◆溫馨提示◆

* **父母以身作則，展現情緒智商**。在每天生活中願意表達，管理和調節自己的情緒。心懷悲憫，以合宜的方法解決衝突。
* **大量使用情感詞彙**，使用不同字眼描述每類情緒的不同強度。加增孩子的情緒詞彙。
* **陪伴孩子一起讀書**，或觀賞電視、電影，特別留意人物的情緒動態，和孩子討論故事的情感衝擊。
* **使情緒成為每天你與孩子談話的一部分**。諸如，「我怕……」，「當……，我感到委曲……」，「當……，我感到愉悅……」，「你的爸爸因……而興高采烈」，「你是否因……而感到傷心？」
* **真誠關心孩子每天在學校的生活**，多認識他們的朋友和老師。當孩子講述學校、朋友、老師的軼事時，透過孩子講故事的方式，揣摩感受孩子的情緒。
* **以開放態度對待孩子表達的情緒**。不要忽視他們的感受。分享孩子的興奮、傷心、痛苦，快樂，自豪。

爸媽的反思札記

個人情商小測試

花點時間反省一下你近來如何，給自己打分：

1 = 卓越　2 = 優良　3 = 滿意　4 = 及格　5 = 不及格

__ 1. 我能察覺到自己的感受嗎？我能清楚辨識自己的情緒嗎？

__ 2. 我能及時和合宜地處理負面情緒嗎？

__ 3. 當我遇到問題時，我能給自己打氣，自我勉勵嗎？

__ 4. 我有關心別人的感受，會分擔對方的憂傷嗎？

__ 5. 如果發生衝突，解決問題時，我會考慮對方的觀點嗎？

爸媽與孩子相處時的情緒智商如何？

就情緒智商而言，你怎樣給自己和孩子的相處打分：

1 = 卓越　2 = 優良　3 = 滿意　4 = 及格　5 = 不及格

__ 1. 在言語、思想、行為等方面，我能否作孩子的高情商榜樣？

__ 2. 表達情感時，我是否使用廣泛的情感詞彙？

__ 3. 我是否使用不同的情感字眼來描述他人的情緒？

__ 4. 我是否對孩子表達的情緒持開放態度？

__ 5. 與孩子每天的交往中，我能否探測到他們的情緒溫度？

給孩子的情商小測試

現在，請你測試一下孩子的情商。若你有多過一個孩子，分別給每個孩子做測試。請你回答以下問題，並評分：

1 = 卓越　2 = 優良　3 = 滿意　4 = 及格　5 = 不及格

__ 1. 孩子能夠説出自己的感受嗎？他 / 她是否使用情緒詞彙？

__ 2. 孩子是否表達不同的情緒？是否使用不同強度的情緒詞彙？

__ 3. 孩子能否辨識別人的情緒？

__ 4. 別人遭遇不幸時，孩子能否恰到好處地表達同理心？

__ 5. 孩子在學校有朋友嗎？他們是否相處融洽？

爸媽的禱文

親愛的耶穌，你了解我甚至過於我對自己的了解。

謝謝你賜給我「情緒」這份禮物，使我能夠體驗到

與你同在的深刻喜悅，同時，我可以與孩子分享

這份喜悅。在敬畏上帝的智慧中，我，

諄諄教誨孩子順服。因我有可能令聖靈憂傷，

每天與你同行時，我謹言慎行。

幫助我保守我的心勝於一切，

因這是生命的泉源。

奉耶穌寶貴的聖名求，阿們。

註釋

1. Goleman, Daniel. *Emotional Intelligence: Why It Can Matter More than IQ.* N.T.: Bantam Books, 2005, 43.(中譯本：張美惠譯：《EQ》。台北：時報文化，1996。)

2. 編註：SAT 考試是美國大學理事會（College Board）提供的考試，香港考試及評核局受美國考試服務中心（ETS）的委托為香港其中一個舉辦 SAT 考試的考試中心。

3. Mischel, Walter. "Delay of Gratification as a Process and as Person Variable in Development". In D. Magnisson & V.P. Allen(Eds.), *Interactions in Human Development*. New York: Academic Press, 1983.

Raising Wise
Dads, Moms & Kids

第五課

歡愉和喜樂

明智的爸媽會留意自己和孩子的壓力指數，明瞭「拔苗助長的童年」有可能令孩子承受壓力，甚至抑鬱，因此要了解如何預防「過度親職行為」。父母須明瞭為何玩耍是兒童成長中不可或缺的一環。

在高家，我們都愛唱歌。孩子們常常放聲高歌，晶儀最愛這首歌：

家有主耶穌，快樂，快樂家，
快樂，快樂家，快樂，快樂家，快樂，快樂家。
家有阿爸，快樂，快樂家；
家有阿媽，快樂，快樂家；
家有阿姊，快樂，快樂家；
家有阿弟，快樂，快樂家；

With Jesus in the Family

一天，兩歲大的晶儀坐在汽車裏，像所有快樂的孩子那樣唱着歌。整首歌唱完之後，她加上：

家有雅雅（保姆），快樂，快樂家；
家有安滕（司機名字的暱稱），快樂，快樂家；

司機咧開嘴，微微一笑，他剛上工不久，生性羞怯，甚少流露情感。晶儀的爸媽即我倆也微笑起來，孩子把所有認識的人「一網打盡」，統統囊括到她的快樂家庭裏。晶儀和景信是快樂的孩子，如今是快樂的年輕人。

時至今日，彷彿中，耳邊會響起孩子們小時候在浴缸裏玩耍的笑聲。當時我們住在國外，孩子的爸爸決定早起給孩子洗澡，好讓我多睡一會兒。我則被咭咭的笑聲吵醒，滿心喜悅。我蜷在被窩裏，享受從浴室傳來的歡愉之聲，令人歡暢的聲音滲入我心深處。我將這聽覺紀念品珍藏起來，不時重播，盡情享受那一刻的心滿意足。

憂憂愁愁地長大

萊昂·司徒（Leon Cytryn）和唐納德·麥克牟（Donald McKnew），二人都是醫生和臨牀教授，他們合著一本有意思的書《憂憂愁愁地長大》（*Growing Up Sad: Childhood Depression and Its Treatment*）[1]，探討兒童憂鬱症及其治療。兒童憂鬱症和青少年自殺都有上升的趨勢。這本書引起了我的注意。

在這書的第五章裏，二人查閱了許多相關的研究後，總結出兒童憂鬱症的數項原因。除了生理因素之外，兒童憂鬱症有可能是家中的壓力所引起。父母離異，離開所愛的人或熟悉的地方，失去強而有力的依附；遭輕視或遺棄，都與兒童憂鬱症有關。

另一類家庭模式是孩子必須達到家人設定的一個或多個方面的極高標準，方能獲接納。孩子往往要表現得出類拔萃，以提升家人的自尊。父母捲入孩子的事務當中，每次競爭失敗都會觸發父母的失望表情。孩子因令父母丟臉，而感到滿心羞慚。

以競爭為本的父母因過度關注孩子的各項活動和成就，而愈來愈好競爭。他們生怕自家孩子不如鄰家的孩子，於是，他們送孩子參加一項甚至多項課外活動。

催谷的童年

美籍兒童生理學家大衛・艾肯博士（Dr. David Elkind）發明了一個名詞——「催谷童年」（hurried childhood），這情況來自足以令人致命的「拔苗助長症候羣」。至於另一專家艾文・羅森斐爾博士（Dr. Alvin Rosenfeld）則在他的著作 *The Over-Scheduled Child* 中稱這些可憐的孩子為「超編程孩童」（over-scheduled child，台灣版譯本為《望子成龍症候羣：你讓孩子忙過頭了嗎？》）；其他稱呼包括「超填鴨」（over-programmed child，來自帕卓斯婭・湯馬斯博士，Dr. Patricia Thomas），以及「超負荷」（over-loaded child）。

「催谷兒童」（hurried children）飽受兩類拔苗助長之苦：「催谷長大」── 做一些超過本身正常能力所及的事，以及「催谷活力」── 耗盡所有儲備能量。

當一個三歲孩童被要求做乘數，背乘數表，這就超過了孩童在該階段的理解能力。這類學校趕鴨子上架，迫學生踏上「催谷長大」的路。

一到週末，這些「柴可夫斯基（司機）父母」（driven parents）變得更加忙忙碌碌；「驅動」車子和孩子到處去上鋼琴課、游泳課、芭蕾舞課、演講課、足球練習等等。「催谷活力」消耗孩子的能量，本來到了週末他們可以休息，現在給搞得精疲力竭。

超負荷孩子

有些孩子生在過度保護的家庭，從未長大成人。與此同時，有些孩子卻一夜之間長大成人。

當爸媽失職，不負責任，孩子要肩負起成年人的責任，例如：照顧弟弟妹妹，甚至父母。他們超負荷了，不但在責任上超負荷，同時也飽受情緒超負荷之苦。

父母經常大戰，或沉溺婚外情，他們的孩子便接觸到這些負面情緒和價值觀。當孩子受情緒超負荷所困擾，他們會早早喪失童真。

當孩子要不斷面對不同的人和地方，他們就會受到「遷移超負荷」的困擾，住家、學校、朋友和鄰居走馬燈般轉換，會給年幼的孩子造成心理不穩定。

上述這些超負荷的起因可能是：單親、離婚、分居，或名存實亡的隱形爸媽、疲於奔命的雙職爸媽，以及家裏不穩定的工作。

過度親職行為

過度親職行為（hyper-parenting）有哪些徵狀呢？孩子很早便被迫接受「神童訓練」，例如，在孩子的身心發展未達標之際便入讀全日制的幼稚園。這些孩子投身競爭激烈的體育運動，外加高壓鞭策教練的額外壓力。他們衣着像大人，説話像大人，舉手投足像大人 —— 偽成熟的老人精。他們吸收和迷上大眾媒體，深受官感轟炸所累。

「拔苗助長症候羣」是一項嚴重問題。父母可以留意孩子出現的一些生理徵狀，例如，睡眠紊亂、頭痛、胃痛、反胃、注意力散漫、躁動不安等等。

拔苗助長也可能給孩童造成心理損傷，父母可以留意這些徵狀：挫折感、憤怒、焦慮、煩躁易怒、了無生氣、無心向上，或心神恍惚。

此外，「拔苗助長症候羣」還有一些行為徵狀（無獨有偶，這些徵狀與憂鬱症甚相似）：孤僻、不願與人交往、沒有胃口、經常無緣無故哭泣、學習成績下降、疏忽大意、羞怯等等。[2]

讓孩子做孩子，讓他們玩吧

會玩的孩子會快樂，快樂的孩子會玩。遊戲是抗過度親職行為的最佳藥劑。在孩童成長過程中，遊戲扮演重要的角色，它是孩子的壓力舒解機制，遊戲具有治療的果效。

遊戲提供了一個心理安全的情境，讓心中夢想得以成真，哪怕只是一個幻想世界。遊戲，無論是幻想或現實，都反映了孩子處理超出自己能力所掌控之事的努力。遊戲有如安全閥，讓心之所欲可以象徵性地表達出來。

認知心理學家皮亞傑（Piaget）在所著的《童年的遊戲、

夢、模仿》(*Play, Dreams and Imitation in Childhood*)一書中[3]，談及他對遊戲和智力發展之間關連的見解。起初，遊戲只是掌握一件物品的喜悅，例如，一個小孩玩門把手。這動作給予孩子掌控的快感，這同時也是功能性的遊戲——探索、感官動作，例如，將玩具反復扔到地上。

漸漸孩子發展出具有建設意義的象徵性遊戲，例如，堆砌積木、泥膠。接着是社會性遊戲，角色扮演，諸如：當醫生，扮家家酒。然後，孩子開始玩含有規則的遊戲，如：彈珠子、拔河等等。孩子要商討遊戲規則和解決紛爭。

戲有益

遊戲提供豐富的學習機會：

1. 遊戲完善孩子的認知發展。遊戲給孩子的記憶、注意力和組織能力（如：部署棋局）充電，並統合這些經驗。

2. 遊戲增進孩子的語言發展。孩子獨個兒玩耍時要自問自答，與其他孩子玩時要相互交談。他們學習清楚地表達自己的需要，欲望或投訴。

3. 遊戲增進孩子的社交發展。當孩子們一起遊玩，他們學習一起計劃，商討遊戲規則，輪候，還要解決紛爭。

4. 遊戲增進孩子的情緒發展。遊戲消散孩子所感受到的壓力，也會引發孩子的情緒，有助他們掌控焦慮。

5. 遊戲增進孩子的體能發展。不同的遊戲提供機會給孩子發展感知能力、大動作和精細動作的能力、定向意識、平衡力，以及恢復體能。

6. 遊戲增進孩子的創意。遊戲鼓動想像、意象和激發點子。遊戲讓孩子退一步海闊天空，而無須拘囿在成人世界裏。

遊戲如斯重要，以致聯合國創立了「兒童遊戲權國際協會」(International Association for the Child's Right to Play)。在歷史長河，在所有人類的文化裏，兒童都要玩耍。父母過於緊張孩子的功課，往往會減少孩子遊戲的時間。

快樂時光製造美好回憶

我清楚記得自己的童年。即使上學，也是無限歡樂。我們每天在校近十小時，學習中英文，有點近似同時主修兩門課一樣，放學後的時間十分可貴，那是玩耍的時候。

我由衷感謝父母，容讓我在街上和小巷裏玩耍。左鄰右舍的菲律賓人和華人的孩子們集合一起，加上我自己的兄弟姊妹，我們從泥土裏挖出鵝卵石；在小巷裏進行田徑比賽；扮警察指揮人行道上的腳踏車、滾軸溜冰和小型摩托車的年輕司機。我仍然記得我們抄下經過那條繁忙街道所有車輛的車牌。

我們沒有太多玩具，便動手自製。我們沒有電視，就自編自導自演。由於資源有限，以致歡樂和創意都無窮無盡，源源不絕。

到我有了自己的孩子，我希望他們像我一樣快樂。我主修教育心理學，嘗試在自己的孩子身上學以致用。我溫習所學的，察覺到童年，擁有夢想、想像和遊戲的重要性。

孩子剛開始上學時，每天上課的時間很長，這是我小時候就讀的菲律賓華人學校一般的要求。每天放學回到家，孩子都很疲累了，我總鼓勵他們到後園玩。正當他們的同學「禁錮」在擁擠不堪的補習班時，我家的孩子和鄰家孩子騎腳踏車，或玩滾軸溜冰，打籃球或羽毛球。我鼓勵孩子跑步，呼吸新鮮空氣，曬太陽，流流汗。一小時的體能活動，然後還要有個令人精神煥發的沐浴，他們就準備好，可以樂意去做功課。

樂觀的孩子

在這個憂鬱像瘟疫一般流行的世紀，馬丁．沙利文博士（Dr. Martin Seligman）所著的《教孩子學習樂觀》（*The Optimistic Child*）提出了一些建議，[4] 如何幫助孩子保持樂觀。與大多數人的想法相反，「樂觀並不源自正向話語，或勝利意象，乃在於你如何理解發生的事情」。

根據沙利文博士的看法，有憂鬱危機的孩子認為所遭遇到的禍患是永久的，牢不可破的；而能夠百折不撓的孩子則相信這些事件不過是暫時的。還有，悲觀的孩子相信禍患無處不在，以為可怕的後果是全球性的。他們沒有具體道出自己的某項弱點，而凡事都認為是自己的錯，深感無助和無望。

沙利文博士建議我們幫助孩子「反駁」和「去災難化」（decatastrophize）。若要「反駁」，就必須做到精準，提出充足證據，和考慮不同的解釋。「去災難化」是「災難化」，即認為大禍即將臨頭的反面。當一個人「去災難化」，他必須察看三個案例場景：最佳場景、最壞場景，以及最有可能發生的場景。

例如，如果一個孩子算術不及格，他不必反復自責，自己是世上最蠢豬笨蛋的男孩，而且將一生不及格。若要反駁這想法，他可以這樣說，「我不及格是因為昨晚看電視，所以沒有照老師所吩咐的溫習第 9 至 12 頁。」接下來，列舉三個場景：

「如果再考試，而我繼續看電視，那我就會繼續不及格了。」（最壞場景）
「下次我的算術將迎頭趕上，我努力讀書，拿最高分。」（最佳場景）
「下次我將取得良好成績，因為我花了更多時間學習。」（最有可能發生的場景）

樂觀不是空想而已，乃是坐言起行。

選擇喜樂

我擁有快樂的童年，因為爸爸是一個豁達樂觀的人。爸爸深信「我靠着那加給我力量的，凡事都能作。」（〈腓立比書〉4：13）從小我就留意到他這「不可藥救」的樂觀。他總定睛在杯子的半滿部分。爸爸經常長時間祈禱，他活出了這句經文：「你們要靠主常常喜樂……應當一無掛慮，只要凡事藉着禱告、祈求和感謝，將你們所要的告訴上帝。」（〈腓立比書〉4：4-6）

盧雲（Henri Nouwen）如是説：「喜樂不會從天而降，落到我們的頭上。我們必須選擇喜樂，並且要天天不斷選擇。」[5]

不錯，人人都想得到快樂。不過，喜樂更不可或缺。喜樂遠超快感。快樂與所遇到的人和事有關，而人和事總變幻不定。

「喜樂是欣然而言『在家了』的一種情緒。喜樂是那充盈生命，賦予生命的『到家了』之感。」（達雷爾．約翰遜，Darrell Johnson）[6]。耶穌說：「這些事我已經對你說了，是要叫我的喜樂存在你們心裏，並叫你們的喜樂可以滿足。」（〈約翰福音〉15：11）耶穌應許我們這樣一份「在家」的感覺。惟有耶穌可以給家庭帶來這樣的喜樂。

我的爸爸和媽媽是虔敬的基督徒，他們在那種「在家」的氛圍裏，養大了我們兄弟姊妹九人。他們使我們醒察到上帝活在家中，而爸媽也常在左右。唸小學時，如果放學時下雨，我可以確信媽媽一定會撐着雨傘出現，這樣的安全感讓我們放心，受保護之感油然而生。

爸爸和媽媽相親相愛，我們的家庭完整無缺。我們都很黏家，家裏總是充滿了音樂、遊戲、書籍、旅遊、笑聲、照片、講故事、家庭活動、藝術和戲劇等等。這不僅僅學業而已，乃是全人教育。童年不是為表現，乃是生氣勃勃地活着，創造快樂記憶。爸爸和媽媽給我們樹立了一個喜悅和快樂家庭的榜樣，我打定主意，將之「移花接木」到自己的家庭。

「家有主耶穌，家有阿爸，家有阿媽，家有阿姊，家有阿弟，快樂，快樂家！」這是千真萬確的。

◆ 溫馨提示 ◆

* **鬆一口氣，海闊天空。**家庭生活由你一手創造。你與配偶，你與孩子之間，是一場不斷變化的舞蹈。享受家庭，鬆一口氣。孩子和我們只相處一段短短的時光。家人之間的關係比功成名就更重要。

* **減少活動，發揮創意。**送孩子去參加更多某某課某某活動之前，想清想楚。衡量利與弊，得與失，付出和收益。付出包含：時間、精力、努力、壓力和金錢。給你和孩子的時間表留下空間，無所事事的時光正是孩子發揮創意的大好機會。

* **睜大雙眼，小心驗證。**時髦的玩意兒來了又去。提防那些市場掛帥的產品和服務，小心辨識，查詢，看看該產品或服務是否真的能夠豐富你孩子的生命，或只是令孩子的人生更為複雜，分散對真正重要事情的注意力。

* **快樂，快樂。**快樂的父母有更大機會養育出快樂的孩子。預留時間，和配偶、孩子一起享樂。孩子應得到幸福快樂。花點時間相聚一起，享受人生吧！

爸媽的反思札記

下述哪些句子多大程度上描寫出你的孩子的狀況？

5 分 = 總是如此　4 分 = 經常如此　3 分 = 有時如此

2 分 = 難得如此　1 分 = 從不如此

__ 1. 我的孩子快樂。

__ 2. 我的孩子不是「催谷兒童」。

__ 3. 我不會塞給孩子超額的課外活動。

__ 4. 我的孩子沒有出現憂鬱徵狀。

__ 5. 我讓孩子每天都有遊戲時間。

__ 6. 我的孩子有美好的童年回憶。

__ 7 我喜歡和孩子在一起。

__ 8. 我的配偶喜歡花時間和孩子相處。

__ 9 . 我擁有從耶穌而來的喜樂。

__ 10. 我帶給孩子上主的喜樂。

爸媽的禱文

親愛的上帝，全宇宙的創造者和維持者，

感謝你，你教導我們如何工作，如何休息。

請提醒我勿挑燈夜戰，

催命似的要完成需要時日方能完成的事。

賜給我一份優雅從容，

不要催逼孩子只一味與他人爭競。

讓我享受我們在一起的時光，

以及再次從一個孩童的眼光看世界。

阿們。

註釋

1. Cytryn, Leon and McKnew, Donald. *Growing Up Sad: Childhood Depression and its Treatment*. NY: W.W. Norton Company, 1998.

2. Elkind, David. *The Hurried Child: Growing Up Too Fast Too Soon*（3rd ed.）. Cambridge: Perseus Publishing, 2001.

3. Piaget, Jean. Play, *Dreams and Imitation*. NY: W.W. Norton and Company, 1962.

4. Seligman, Martin E.P. *The Optimistic Child*. NY: Harper Perennial, 1995.（中譯本：洪莉譯：《教孩子學習樂觀》，台北：遠流出版社，1999。）

5. Nouwen, Henri. *The Return of the Prodigal Son: A Story of Homecoming*. NY: Doubleday, 1994.

6. Johnson, Darrell W. "What I Know About Joy Thus Far in the Journey". *Jeremiah's Dilemma Quarterly*. Feb. 2011, 1, 13-16.

第六課

主動和勤奮

明智的爸媽學習如何從長遠着眼，恰如其分地鼓勵孩子。孩子敢於迎向挑戰，認真思考和解決問題，這一切並非僅僅為追求分數，更是享受學習的過程。

晶儀自小便愛讀書，不管到哪裏，手上必定拿着一本書，有空就讀。我曾於《菲律賓詢問者日報》（*Philippine Daily Inquirer*，2007 年 9 月 23 日），寫了一篇關於女兒的文章，題為〈她無法釋卷〉（And She Just Couldn't Stop Reading）。以下是其中數段：

> 那是她的靈光一閃時刻——好像海倫・凱勒終於明白原來有一個字稱「水」一樣！我們的女兒晶儀，當時大約兩歲零九個月大吧，她讀出所理解的字，發現了自己能夠閱讀！
>
> 她真的會讀！晶儀快樂地笑着，舉起新發現的至愛《睡美人》，在客廳裏手舞足蹈。雖然故事不大是她喜愛的那類，但是，書中詞彙華麗，還有突然其來魔幻的情景，令她彷彿遇見仙子。她一反常態，大聲朗讀一頁給阿姨聽，阿姨碰巧來串門子，遇上了這神奇一刻。
>
> 對詞彙的着迷如影隨形跟着晶儀。記得我帶她前往兒科醫生診所做每月例行檢查，晶儀伸手取桌子上的藥箱，拿出説明書，嘗試解碼！回家路上，她情不自禁大聲讀那些路牌。當時我是博士

生，她躍躍欲試，想讀那些研究期刊！

晶儀讀小學時，每天早上六時半，她下樓吃早餐，隨身攜帶一本書。她右手持匙羹，囫圇吞下一口麥片，左手同時熟練地翻書。

外出旅行時，我發現當時是幼兒的晶儀，大部分時間坐在機場安靜的一隅，閱讀她為長時間等待而一早準備好的書籍。此後每次旅行，她都為該留起哪些書以備長途飛行時閱讀而苦惱不堪。

晶儀喜愛旅行中的活動，她不介意那些文化考察。她起勁閱讀那些歷史背景，藝術館展品和科學館實驗的説明。

對一個五歲小的小孩而言，晶儀顯然有點早熟，她是一個羞怯的小女孩，全情投入了詞彙和夢幻的世界。我了解到童年內向是認真讀者的特徵。她對故事，不論是真實或虛構的，都情有獨鍾。她全神貫注聆聽導遊述説當地的傳説，並找書證實剛學到的知識。

學習動機

動機對人生為何那麼重要？動機啟動我們動手做某件事，推動我們不斷前進，促使我們遇到困難時堅持不懈，規範我們的行為，監測所作的改進，使我們努力工作以達到既定目標。如果一個人沒有動機，就會拖三拉四，達不到標準，做事半途而廢，目標落空。

在商界和管理界裏，會經常舉辦有關動機的研討會，但親子界別卻甚少討論動機。或許，我們以為爸爸媽媽自然而然具有洞見，孩子會自動自發好好學習天天向上。

在所有人生要完成的責任當中，為人父母實實在在最需要有動機。學生努力學習就會得到好成績，僱員表現優異就會獲得花紅，爸媽可不能期望因優良育兒而得獎。爸媽要學曉自我激勵，走一條學習路，有時可能是一條漫漫長途，觀察自己和孩子如何逐步改善，並在榮耀的好爸媽任務中，尋找到內心深處的滿足感。

有關動機的理論和定義一籮筐。我認為最好的莫過心理學家保羅・瑞克（Paul Pintrich）所下的定義，意簡詞賅：動機是「鼓動和持續目標導向的活動之過程」。[1]

既然是「過程」，這就意味着動機不會一夜之間完成，需要假以時日發展而成。認為可以藉着懲罰，或訓誡就能激勵孩子的父母，定會大感失望。

動機帶着方向，或反向某事的方向。它以目標為本。若你想完成人生目標，你需要有動機才行。

動機是一項活動，包括了精神上的，也是行為上的。一個人不能光在思考動機，卻連指頭都不動一下。

動機是動手開始做某件事。寫作的頭一句往往要比接下來的三段更難下筆。

最後，動機能支持長期任務。多少項目半途而廢？「長期」意味着在挫折和失敗中堅持不懈。

學習是長期的，育兒是長期的。明白了動機是什麼和不是什麼，為何動機那麼重要，以及如何啟動我們的精力，展開一場動機導向的人生之旅，父母和孩子都將表現卓越。

動機出問題

動機不僅僅是成績不好的學生的問題，同時也是表現優異的學生的問題。當一個學生僅僅為了分數而學習，他以表現為本。與之相對的，一個學習為本的學生即使沒有考試，或沒有評分，仍然讀書學習。

動機當然也是中等成績孩子的問題。迪波拉・史提皮克（Deborah Stipek）稱這類學生為「差不多山姆」，[2] 他們滿足於自己的成績，不管情況如何，哪怕是有能力取得更好的成績，也不願再多花一丁點力氣。我們看到男生當中有許多「差不多學生」，他們不願出人頭地，因為這意味着老師或父母，或自己會寄以更高期望。

「防衛迪克」(Defensive Dick)是史提皮克所分類的另一組學生，他們不想被別人認為已經投入很大努力，而依然成績不佳，於是乾脆放棄。他們築起圍牆，以「我不讀書」為低分數開脫。其他防衛策略包括了指責老師，或其他同學，甚至推諉是交通問題。

第三類有動機問題的學生是「安全莎莉」(Safe Sally)。為了確保安全，莎莉只在自己有百分百把握勝任時才做事。她不會冒險犯難，不會拿自己的紀錄開玩笑。於是，她選擇容易的任務或科目，以確保自己表現優越。她缺乏自信面對挑戰。

還有一類嚴重缺乏信心的學生，稱為「絕望哈拿」(Hopeless Hannah)。哈拿或許曾經失敗，因而總感到無助。缺乏自尊令她認為自己學習上沒有任何希望，不論學算術或游泳。

問題動機簡介的最後一類是「焦慮艾美」(Anxious Amy)。艾美有追求完美的傾向，因此，她過度焦慮不安，老預料最糟糕的情況。艾美繃緊，神經兮兮，有時腦中一片空白，張口結舌說不出話來。若沒有最佳時間，欠缺最佳團隊，不是做最佳項目，她就無動於衷，拖延任務。

動機受家庭環境所影響。

家庭環境和學業成就

調查研究顯示，孩子的學業主要受到四項因素影響：1）家庭環境；2）先天能力；3）學校素質；4）孩子的自我觀和抱負。[3]

家庭和學業兩者密不可分。家庭訂立對成就的期望。本身是好學生的父母會期望孩子在校表現優異。另一項有利於學業的因素是家裏的語言榜樣。父母在意於使用正確文法，豐富的詞彙，精通語言，這些都是孩子良好的楷模。優異生的家長也指導孩子學業，不僅僅學校功課，更包括了長期的教育和職業計劃。

再者，家庭對知識的重視，對鼓勵孩子在學校取得好成績，十分重要。對知識的重視包括了家裏藏書的類別，交談的話題，家庭活動和遊戲，以及爸媽鼓勵，或與孩子一起前往的旅行。

最後，家庭的工作習慣對孩子的學業產生強大的影響。有組織的家庭生活，時間管理，對承諾的重視，都有助在孩子身上建立起好習慣。

父母不應光看重成績，更要致力使家庭成為重視知識，和學到工作習慣的地方。

讓每個孩子的生命花朵綻放

父母一般都知道，就孩子的成長而言，家庭環境何等重要。父母都望子成龍，望女成鳳，這心態往往令父母感到焦慮不安。但是，並非所有孩子同一個模樣。他們的性格、能力、喜好和動機不盡相同。

換言之，父母都是育兒生手，無論已生了第三或第六個孩子。父母需要清楚了解自己的孩子 —— 哪個需要推一把，哪個不需要，哪類動機可以打動這個孩子，而另一類對另一個孩子更有效？若我們讓每名孩子發揮所長，父母的焦慮就可以大大減低。

在我們家裏，我們不會拿晶儀和景信比較。各人有獨特能力，各在不同技能上努力。晶儀擅長文字，景信則擅長圖象。回首往事，他們從不認為要彼此競爭。如今，他們各自在從小便熱愛，和表現優異的領域內發展。

我們也不拿他們跟同學比較。晶儀升上中學時，獲分派去「精英班」（當時中學剛開始實施精英班），我讓她決定是否要轉去該特殊班級。起初她有些猶疑，因為這意味着離開小學就認識的小夥伴。我對她說，你可以先試一個星期，若要返回原來的班，我們將告知校方。一週後，她決定留下，原因是「這是我首次可以清楚聽到老師講課，每個同學都集中精神學習。」

雖然唸精英班意味着她有可能不能夠再保持班中第二名的榮譽，她很高興能夠留在精英班，因為和有學習動機的同學一起學習，她能夠學到更多。她並不擔心自己的表現。

學習為本和表現為本之比較

學業應該聚焦於學習，而不是表現。一個以學習為本的學生會將注意力集中在學習過程，而不是結果。他強調為學習而付出的努力，而不僅僅依靠個人的天生能力。遇到不明朗的景況時，他不會視之為威脅，反而願接受挑戰。他視錯誤或失誤為有作用的，與此同時，以表現為本的學生卻會視為失敗。

以學習為本的學生務求儘量拓展學習，以變得更明智，而不只是看來聰明而已。還有，以學習為本的學生有一個長遠目標，不會時時刻刻與他人比較。他們並非徒有動機外表，為要得到即時欣賞，乃是心懷動機，希望看到自己有進步。

爸媽需要辨別這些分別，以便引導自己的孩子不僅僅為了分數和競爭，乃要為了學習而熱愛學習。內在動機會存留更長久，並透過幾方面表現出來：孩子願意接受具挑戰性的任務，投入努力和時間，遇到困難時不輕易放棄。

調查研究顯示，長遠而言，心懷動機的孩子在學習上更為成功，工作上也更感滿足。另一方面，小學和中學期間表現出色。但只是為了分數而學習的學生，進入大專院校後表現平平，因為這階段的學習講求學生自己的好奇心，主動和勤奮。[4]

尋找令你神馳之事

晶儀閱讀時如魚得水。她十分肯定自己的閱讀和寫作能力未能在學校充分發揮。於是，還在唸小學時，她就開始寫故事，並且每天帶她的故事本回校給同學閱讀。不久，許多同學都知道有這樣一本故事本在班上傳閱，他們每天都想讀新一章。晶儀深孚眾望，定期增加新章。她在功課之外，為了自己和朋友而寫作。

請允許我繼續摘錄發表在《菲律賓詢問者日報》(2007年)，有關晶儀的文章：

> 過去兩星期，(晶儀) 最大的喜樂是在兩項重要文學獎項中獲獎：她的詩作〈樓道〉(Corridor)，獲得新南威爾士大學文學期刊《無糖》(*Unsweetened*) 第一名；短篇小說〈貝尼托．沙拉薩的最後創作〉(Benito Salazar's Last Creation) 則獲得帕蘭卡獎 (Palanca Awards) 第三名。〈貝尼托．沙拉薩的最後創作〉是她在這著名獎項裏初試啼聲。她說，她勇敢嘗試是因為不可能得

獎，所以，如果稿件石沉大海，也不會感到失望。頒獎禮過後，翌日，前往機場時，她微笑回顧，說：「我還以為要等到老了，頭髮花白才有希望拿到帕蘭卡獎哩。」

當一個人全情投入受內心激勵的活動時，將會體驗到心理學家米哈利·契克森米哈賴（Mihalyi Csikszentmihalyi），所稱的「神馳」（flow）[5]（編註：亦有譯作「心流」）。體驗到神馳的人全心全意投入任務，渾然忘記時間和空間。他們無意尋求可預見的外在欣賞，乃是追求神馳的體驗。

「神馳」是在挑戰和個人能力之間覓得平衡點。當一個人的能力超越使用這能力的機遇，就會感到枯燥無味；當所面對的挑戰超越能力時，就感到焦慮不安。

一個人有清楚目標，其能力得到充分發揮，注意力全面使用，「神馳」或「樂在其中」的經驗就出現了。體驗到神馳的孩子被稱為「自動波」（auto-telic），意指他們所做的事本身就是回報，以致不需要外在的回報。

父母可以給自己，也幫助孩子找到令人「神馳」的事，藉着識別「瞌睡區」（太容易以致打瞌睡），和「呻吟區」（太難以致痛苦不堪），讓自己知道應該在什麼地方增加挑戰，或增加能力。

勤奮，堅韌和毅力

心理學家卡羅爾．德婥克（Carol Dweck）表示，三十餘年的研究顯示，若過度強調才能和智力，視之為與生俱來，且是不可改變的；[6]這樣，孩子或會變得甘於平庸，或害怕挑戰和失敗，以致不敢拿自己的「聲譽」冒險。

另一方面，爸媽可以轉換新思維，不因孩子的智力而誇獎他們，反而相信智力並非一成不變，共同努力和了解智力真相，它是可以改變，且會不斷遞增，因而鼓勵孩子努力和堅韌不懈。

調查研究也讓我們看到，將自己的成功和失敗歸咎於個人努力，這樣的孩子會更為勤奮。教導孩子為自己的目的而奮鬥，始於家長的以身作則。遠離貧困，生活過於舒逸的孩子容易以為一切都是理所當然的，自以為應該得到某類生活方式，怕孩子辛苦的爸媽很容易養出驕縱兒。在這樣的情況下，爸媽應更多教導孩子奮發圖強，設定目標，及透過堅持和決心來達到目標。

景信唸中學時，難以應付菲華學校的雙主修科。這些由菲律賓華人所設立的學校，除了課程與一般菲律賓學校相同之外，學生同時要學華文。於是，我問景信想不想來年轉到菲律賓學校。與此同時，我詢問雅典諾中學（一所當地的菲律賓學校）看看在這樣的班級轉校是否可能。學校向我保證絕無問題。不過，我仍讓景信自行決定。景信考慮之後，決定留在菲華學校——即使那意味着更多功課，和更長的上課時間。

由於是自己決定，景信需要加倍決心和堅韌。他確實做到了。我們以他按時完成學業，按時畢業為榮。他的勤奮和堅持到底沒有白費。

堅忍與基督徒生活

有關努力和堅忍的重要性，《聖經》給了我們很好的忠告。〈彼得後書〉1：3-8 如是說：

「神的神能已將一切關乎生命和虔敬的事賜給我們，皆因我們認識那用自己榮耀和美德召我們的主。因此，他已將又寶貴又極大的應許賜給我們，叫我們既脱離世上從情慾來的敗壞，就得與神的性情有分。 正因這緣故，你們要分外的殷勤；有了信心，又要加上德行；有了德行，又要加上知識；有了知識，又要加上節制；有了節制，又要加上忍耐；有了忍耐，又要加上虔敬；有了虔敬，又要加上愛弟兄的心；有了愛弟兄的心，又要上加上愛眾人的心；你們若充充足足地有這幾樣，就必使你們在認識我們的主耶穌基督上不至於閒懶不結果子了。」

盡一切努力在節制之上，再加上堅忍。上帝的大能已經將我們一切所需的都賜給我們了。倘若你不斷增添這一切，它們將保守你，不至於閒散不結果子。

許多《聖經》偉人並非才智過人。摩西不善言詞。當上帝呼召他帶領以色列人出埃及，他對上主説：「主啊，我素日不是能言的人，就是從你對僕人説話以後，也是這樣。我本是拙口笨舌的。」（〈出埃及記〉4：10）

上主向摩西保證，會幫助他説話，和教他該説什麼。摩西仍然不敢接下重任。他説：「主啊，請饒恕愚僕，打發別人去吧！」（〈出埃及記〉4：13）

至此，上主對摩西發火，説：「不是有你的哥哥利未人亞倫嗎？我知道他是能言的；現在他出來迎接你，他一見你，心裏就歡喜。你要將當説的話傳給他；我也要賜你和他口才，又要指教你們所當行的事。」（〈出埃及記〉4：14-15）

經過四十年帶領那些冥頑不靈的以色列民，摩西疲憊不堪，心灰意冷，但是，他堅持到底，最終完成任務，上主稱讚摩西説：「他是在我全家盡忠的。」（〈民數記〉12：7）「以後以色列中再沒有興起先知像摩西的。他是耶和華面對面所認識的。耶和華打發他在埃及地向法老和他的一切臣僕，並他的全地，行各樣神蹟奇事，又在以色列眾人眼前顯大能的手，行一切大而可畏的事。」（〈申命記〉34：10-12）

為人父母要付出許多，每天都要有智慧和信心去做大大小小的決定。讓我們將這句經文藏在心中作為自勉：「無論做什麼，都要從心裏做，像是給主做的，不是給人做的。」（〈歌羅西書〉3：23）

請將這句經文付諸行動，為了上主而作。

爸媽的反思札記

1. 我想做一位好爸爸 / 媽媽的最大動機出於什麼？

______

______

______

2. 我是孩子建立動機的好榜樣嗎？那方面「是」？那方面「否」？

______

______

______

3. 我如何激勵配偶在家裏，工作和事奉上就能力所及做到最好？

______

______

______

4. 請回想一次你正確地激勵了孩子。回想一次你沒有激勵，反而令孩子感到灰心喪志。

____

____

____

你的孩子表現如何？

在你家裏，以下這些事有多常發生？請在每個句子前填上 1，2，3，4，5：

1 分 = 從不如此　2 分 = 大多時候並非如此　3 分 = 有時如此

4 分 = 大多時候如此　5 分 = 一貫如此

__ 1. 孩子認為我要求太高。

__ 2. 我的孩子就是懶骨頭。

__ 3. 我的孩子認為學校枯燥無味。

__ 4. 孩子明白他以從父母那裏得到情感支持。

__ 5. 我的孩子在學校裏過於焦慮不安。

__ 6. 我的孩子在學校裏感到無助。

__ 7. 我的孩子沒有充分發揮潛能。

__ 8. 我的孩子有信心做好功課。

__ 9. 遇到困難時，我的孩子不會堅持或忍耐。

__ 10. 我的孩子總全力以赴做到最好。

我的孩子在哪些科目，或教育項目上表現出「神馳」？我如何鼓勵孩子朝該方向走，考慮成為未來可能發展的領域？

____

____

____

爸媽的禱文

耶穌，感謝你，你以自己勤奮工作的榜樣——

無論是孩童時閱讀上帝的話語，

或成年後呼召和訓練門徒的

事工上激勵我們。你也呼召我為人父／母，

助我心懷動機扮演好這角色。

請賜我能力建立孩子心中的動機，

好讓他們也勤奮，和心懷正確動機，

完成自己的人生詔命。

阿們。

註釋

1. Pintrich, Paul and Schunk, Dale. *Motivation in Education: Theory, Research and Applications.* Englewood Cliffs, New Jersey: Prentice Hall, 1996, 21.

2. Stipek, D.J.. *Motivation to Learn* (2nd Ed.). Boston: Allyn and Bacon, 1993.（中譯本：呂素美譯：《啟動孩子的學習 Power：讓孩子愛上學習最有效的方法》，台北：信誼基金，2003。）

3. Christenson, S.L. et. al. "Family Factors and Student Achievement". *School Psychology Quarterly, 7* (3), 1992, 178-206.

4. Pintrich, 頁 255.

5. Csikszentmihalyi, Mihaly. *Flow: The Psychology of Optimal Experience.* NY: Harper Perennial, 1990.（中譯本：張定綺譯：《快樂，從心開始》，台北：天下文化，1996。）

6. Dweck, Carol. *Self-Theories and Goals: Their Role in Motivation, Personality and Development*. Lincoln: University of Nebraska Press, 1991.

第七課

負責任和自信

明智的爸媽明瞭責任，及隨之而來的界線，孩子從責任中認識自己。自信的孩子會悅納自己的長處和短處，從而有效地處理人生及其責任。

兒子景信還小的時候，是一個逍遙自在，甚至有時漫不經心的男孩。要上學，景信毫無怨言，因為他喜歡和朋友在一起。多年來，「成績表」上老師的評語總不離「喜歡説話」、「喜歡玩」等等。

放學回到家，景信不會想明天。好幾次我問他：「明天要交的功課呢？」他用唱歌的腔調回答：「我不知道呀……」

「嗯，你不知道？我問你，小伙子，誰會知道？」我問。

他終於意識到鐵一般的事實：若連他本人也不知道，家裏無人曉得。

我一直努力當一個負責任的媽媽，我該做什麼？我是否該加入許多「不負責任兒童」家長的行列，在學生下課後，拿張小板凳，坐下幫孩子抄黑板上的功課？（老師竟然把功課留在黑板上讓家長抄，真奇怪。）或者，我該撥電話給兒子的老師或同學，問他們有什麼功課？我該打他屁股？訓斥他至無地自容嗎？

沒有，我沒有這樣做。我沒有伸出援手，由得他自生自滅，獨自承受責任和後果。我可以督導和監察，但不會幫他做功課。錯過幾次之後，他終於學曉了，記得抄下要做什麼功課。

負責和管教

威廉．葛拉瑟博士（Dr. William Glasser）說：「負責任的家長藉着慈愛和管教教導孩子負責任。」心理學家解說管教為何是重要的，並就缺乏管教的壞影響提出警告。[1]「如果一個人在人生當中，尤其在童年，沒有與關心他們，以至願意管教他們的人建立親密關係，就不會學曉負責任。由於這方面的缺失，他們將終生受苦。」

負責任的家長會關心孩子，必定管教孩子。這是出於愛的紀律。當父母沒有教曉孩子紀律，孩子將受苦。

為何要管教孩子？管教實質上讓孩子感到安全。我仍清楚記得邵慶彰牧師（Rev. Wesley Shao）在其中一篇講道中的例子：一個孩子在一幢大廈屋頂上玩，如果四周有圍牆，孩子將會感到安全，四處奔跑玩耍；相反的，如果沒有圍牆，孩子連走一步路都感害怕，他覺得受限，焦慮不安。

管教為行為設限，使人產生安全感。如果孩子相信父母能夠保護自己，他們會比較輕鬆自在。管教也提供導引，直到孩子能夠做出明智的決定。孩子成長之際，會重視父母的判斷和觀點，事實上，他們會內化這一切，成為日後自己做決定的參照。管教能夠促使孩子承擔責任。

在現今這個權威掃地，「二十四孝父母」比比皆是的世代，詹姆斯·杜布森博士（Dr. James Dobson）向父母提出挑戰，要他們勇於管教孩子。不斷「保釋」孩子的家長——不管這「保釋」是為了功課、不當的行為，丟失東西和錢，或結交壞朋友，都是剝奪了孩子學習負責任，以及建立權限和自信的機會。

《聖經》有關父母責任的教導

〈箴言〉嚴詞警告那些在管教孩子方面失職的父母：「趁有指望，管教你的兒子，你的心不可任他死亡。」（19：18）

不可任他死亡！父母是否應該為子女步向滅亡的錯誤行為負責？每逢見到電視新聞報道一些父母為孩子令人髮指的罪行

辯護時，我相信每個人都有自己的看法。那是一個長長故事的結局，而每則故事都有它的開頭。

祭司以利和先知撒母耳的經歷，是眾爸媽當引以為誡的故事。

小男孩撒母耳是一個乖巧聽話的孩子，媽媽哈拿和以利加拿將他奉獻給上主，並把他留在聖殿和先知以利一起工作。小男孩撒母耳夜聞上主呼召，以利教他如何應答。當上主來到，站在那裏，一如之前幾次喊他：「撒母耳！撒母耳！」撒母耳回答：「請說，僕人敬聽。」（〈撒母耳記上〉3：10）

可是，以利的兒子（何弗尼、非尼哈）卻是壞蛋，目中無神。他們擅取要向上帝獻祭的上等祭肉，藐視上主的祭物；又和在會幕前伺候的女子通姦（〈撒母耳記上〉2：12-25）。有預言警告以利家：以利二子必同日死亡。當以利聽聞兒子慘死，約櫃被敵人擄去，他也倒地而亡。（〈撒母耳記上〉4：18）

撒母耳為人正直，忠心耿耿，他擔任先知和士師多年，但是，他的孩子沒有效法父親的榜樣。「撒母耳年紀老邁，就立他兒子作以色列的士師。長子名叫約珥，次子名叫亞比亞；他們在別是巴作士師。他兒子不行他的道，貪圖財利，收受賄賂，屈枉正直。」（〈撒母耳記上〉8：1-3）

這是何等不幸的嘲諷，以利和撒母耳，身為以色列民的領袖，竟沒有好好管教自己的孩子！這些故事沒有從《聖經》中刪除，因為要給予我們寶貴的教訓。

〈箴言〉包含許多智慧之言，讓我們可以從中學習，牢記在心，諸如：「杖打和責備能加增智慧；放縱的兒子使母親羞愧。」(〈箴言〉29：15)

為何孩子胡作非為

在《為什麼兒童會有不良行為？》(*Why Children Misbehave*)一書裏，心理學家布魯斯．納蘭摩爾(Bruce Narramore)[2] 指出導致問題行為的數項原因。他相信，當孩子的真正需要得不到滿足，他們就會尋求代替品。

孩子需要愛、自信、自我價值，和具有建設性的活動。當真愛「缺席」時，孩子會感到寂寞，孤單無援，他們就以引起他人注意的行為代替愛。

當孩子缺乏自信時，他們會感到無力無助，低人一等，於是就採取行動，以展示力量，及對人對事的操控，而很不幸，這些行為往往是破壞性的。自我價值感低落時，他們感到糟透了，一無是處，就會嘗試以完美主義和自我表現來爭取贊同。還有，少了具有建設性的活動，孩子就會感到悶蛋，坐立不安，轉而做出破壞性的活動。

當孩子胡作非為，父母感到丟臉，惱火，憤怒，他們認為受到挑戰，心中充滿挫折感或失敗感，而這一切往往會引起錯誤的管教。

管教之「非」

很多人將管教和懲罰混為一談，誠屬不幸。沒有仁愛的懲罰並非管教；沒有學習的懲罰並非管教。管教不是要羞辱，也不是玩弄權力、恐嚇、行賄。

向孩子行賄的父母，自己心中沒有自信。管教是一場需要付出，曠時廢日的訓練，管教的主要目的是教導尊重和負責，就是持續不斷幫助孩子明白，人生是一連串選擇和後果。

每天，家長和孩子都面對選擇。我們每做一項選擇，也當做好準備接受其後果 —— 包括好與壞。行為心理學家相信，報酬和懲誡有助學習。家長可以藉着不同方法來強化孩子的好行為，諸如口頭讚賞；家長也可以採用不同的懲處方法來減低孩子重複壞行為，諸如面壁思過等。

家長強化孩子好行為的不同方法，諸如：稱讚，或帶孩子去旅行，或允許多一個鐘頭玩耍時間等等；此外，也可以讓孩子少做一兩天家務。

家長懲戒孩子壞行為的不同方法，諸如：增加家務量，或做家務時間，或取消一些特權，如，不許上網一兩天等。

管教孩子方法一籮筐，毋須動用體罰來羞辱孩子，或用賄賂來羞辱自己。對自己的權力負責任，兼且自信的父母，將會正確地管教孩子。受管教的孩子將學曉負責任和有自信。

自尊是好的，但是……

「自尊運動」（The Self-esteem Movement）為如何培育孩子一併帶來好和壞的影響。

沙利文（Martin Seligman）在所著的《教孩子學習樂觀》（*The Optimistic Child*）一書中，[3] 以〈嬰兒潮的父母〉為其中一章的標題，抨擊「自尊運動」，他引用了一百年前的威廉·詹姆斯公式（William James' Formula）：

$$自尊 = \frac{成功}{裝假}$$

根據詹姆斯之見，當我們獲取的成功愈多，並降低期望，其自尊就會上漲，由是，若我們要自我感觀良好，只需更成功，或降低期望。

舉例：

$$10 = \frac{10}{1}$$

例設：倘若期望（或稱「裝假」）為 1，自尊為 10，但期望是 5，那麼自尊就僅有 2 了：

$$2 = \frac{10}{5}$$

這公式的不幸結果是大家將期望減至最低。

自尊是做得好和感覺良好，這部分是正確的。感覺良好一定是做得好的副產品。但是，家長和老師過度強調自尊，弄得自尊變質成為自我溺愛，例如，做得很差勁而依然感到飄飄然。

「自尊運動」令一些學校相信學校不應評分，惟恐會令一些成績不好的學生自尊心下降。家長和老師不問青紅皂白，一片讚揚之聲，惟恐學生對自己的感覺不佳。

父母受「感覺良好運動」誤導，不管三七二十一，急於要令孩子感覺良好；深信孩子應當感覺良好，孩子的權利是感到快樂，覺得自己是有價值的，並應該想要什麼就得到什麼，而「啟蒙」了的父母應該給予孩子所有自由，以提升孩子的自尊。

然而，史坦利．庫珀史密斯（Stanley Coopersmith，1967）的研究[4]卻發現始料未及的結果，擁有高度自尊的孩子來自家長清楚設限和執行家規的家庭。

自我效能感和自尊運動所鼓吹的不同。自我效能感是一項個人信念，認為一個人能夠成就既定之事。高度自我效能感來自父母和老師的鼓勵。這建立在過去的良好經驗，以及觀察成功的楷模，還有，就是當一個人真正做事時產生的正向心理回饋。

高度自我效能感讓人堅持不懈，最終完成任務。它推動人以創意解決問題，並助人處理壓力。我們要讓孩子因為高期望，高標準完成任務而感覺良好，而不是不花力氣便感覺良好。感覺良好並非其目的，做得好才是。完成任務的報酬是負起另一項任務的動力。這足以提升自信。

埃里克．艾力遜（Erik Erikson）認為[5]，六至十二歲的小學生需要發展出成就感，以抵抗自卑心理。孩子發現成就感的喜悅，這點很重要。若孩子心懷未解的不足感，或自卑情意結，他們在才幹和自尊的自我觀感上將會出現問題。

功課藍調與家事章程

父母應當學曉何時説「是」，何時説「不」。我們家的孩子自小就明白，他們的主要職責是學校功課。這不是父母的主要責任，乃是他們自己的。我們教導他們各人的本分。我們要各人自食其力，各人當負起能力所及的責任，不能丟給別人，把別人累死。

我曾在《菲律賓詢問者日報》（*Philippine Daily Inquirer*，2000 年 7 月 9 日）上，發表了一篇名為〈功課抑鬱和家規〉（Homework Blues and Household Rules）的文章，談到等孩子放學回家時，我聽到家長們談論自己的掙扎。以下這段摘自該篇文章：

> 一次，在這樣的交談中，一位母親表示沒法誘導兒子做功課（重複抄寫中文字），她，一個用右手的人，用左手幫孩子做功課。一個用右手的成年人用左手寫的字看起來就像是孩子寫的！我記得自己大笑起來，十分欣賞這位母親的坦白！今天，我回想起來，這件事説明了家長對孩子的功課何等氣急敗壞！
>
> 我相信，家有年幼孩子的父母每天都為這困局而煩惱不堪。相當不幸的是，許多家長與孩子每天惟一的溝通是談功課。父母哀求、譴責、威脅命令和提出要求。對一些家長而言，功課是恐懼的源頭——父母與子女每天都要打的仗。
>
> 如果你能換個角度來看，功課可以提供一個正向的學習經驗。它

給父母提供一個機會，督導孩子在學校裏的進度。對孩子而言，它提供了與親近的成年人討論的話題。督導功課可以讓我們，作父母的，向孩子傳達一些重要信息。

孩子需要知道父母是重視教育的。我們可以表示自己對教育的重視，看功課是重要的。家長也可以分享自己的經驗和願望，因為孩子往往會接受父母的意見。孩子需要知道父母對全力以赴、耐心工作，未雨綢繆等素質的看法。他們需要父母有實際的、合情合理的期望。

因此，父母和孩子共同設立切實可行，前後一致的家規，以至建立成生活時間表和固定的慣例，這是十分重要的。孩子需要有架構和界限，縱使孩子會不斷嘗試挑戰其界線。

晶儀和景信還小時，我幫助他們建立按時做功課的習慣。丈夫和我訂做了一張堅固的，適合孩子身高的桌子。這張桌子是四方形的，每個孩子各有一張椅子，一張的圖案是男孩，另一張是女孩。我會跟孩子坐一會兒，晶儀在右，景信在左。我看他們的功課，有需要時就幫幫忙，要不然就讓他們獨自做功課，只在每半小時一次的小休時看一看他們。

孩子坐下做功課之前，已經玩過了，也洗過澡了，他們的精神體力已經恢復過來。書房安靜，陰涼，光線充足，沒有電視機，沒有收音機，沒有電話。當時網絡和手提電腦還未普及。

光陰如箭，不久，晶儀和景信便各自在自己的房間做功課了。既然現在他們都是青年人，我只需要久不久靜靜走進去，問：「需要幫忙嗎？」我很高與他們極少需要幫助。他們已經長大成人，負責任，有能力。

◆ 溫馨提示 ◆

* **設立固定時間做功課**。最好的時間表應該切合孩子及家庭其他成員。設定一段時間，例如，一或兩個鐘頭，可以防止孩子匆匆趕完功課，或「忘記」帶功課回家。

* **安排一個「學習角」**。「學習角」必須安靜，光線充足，文具就手。

* **挪走分散注意力之物**。關掉電視機和吵鬧的音樂，不鼓勵孩子的社交電話或短訊。

* **提供資源**。原子筆、鉛筆、橡皮擦、紙、字典，計算機，尺等文具應就手可得。課本和其他參考書應帶回家，而不是「忘了」在學校的儲物櫃內。

* **以身作則**。孩子見到父母讀書、寫字、思考、計劃，有強烈的責任感，他們便有可能會有樣學樣，認真學習。

* **表達深感興趣**。花時間和孩子談談功課，讚賞孩子的進步。與孩子閒聊學校的活動，孩子的朋友，以及一些相關的事件。

爸媽的反思札記

1. 在工作，時間和金錢管理，以及為人父母一事上，我是不是個負責任的人？我在哪方面需要更自律？

____

____

____

2. 在管教孩子一事上，我哪些方面有問題？

____

____

____

3. 我和配偶談及這些事嗎？若是，我們同意，或決定了哪些事？若否，為何我不能與配偶分享？

____

____

____

4. 我可以往哪裏或向誰請教以得到支持？

____

____

____

為孩子打打分

你的孩子以下各項事務中有多勝任：

5 分 = 卓越　4 分 = 優良　3 分 = 好　2 分 = 及格　1 分 = 不及格

__ 1. 做好每天的功課。
__ 2. 按時上學。
__ 3. 按時上牀。
__ 4. 不丟失東西。
__ 5. 能夠管理自己的時間。
__ 6. 結交朋友和維持友情。
__ 7. 明智地使用零用錢。
__ 8. 保持自己的房間乾淨整齊。
__ 9. 對自己的學習有信心。
__ 10. 對自己的成就感到自豪。

爸媽的禱文

親愛的天父，我來到你面前，求你饒恕我，

在為人父母一事上我常常失職。

謝謝你藉着聖靈和《聖經》提醒我，

為人父母是一份神聖的職責，

我當盡忠職守，珍而重之。求你使我對你有信心，

並知道在我的軟弱時有你助我，因為

「我依靠那位加給我力量的基督，凡事都能作。」

阿們。

註釋

1. Glasser, William. *Reality Therapy: A New Approach to Psychiatry*. NY: Harper Perennial, 1990, 16.

2. Narramore, Bruce. *Why Children Misbehave: A Guide to Positive Parenting*. GR, MI: Zondervan Publishing House, 1980.（中譯本：白添成，胡美華合譯：《為什麼兒童會有不良行為？》，台北：大光文字團契，1982。）

3. Seligman, Martin. *The Optimistic Child*. NY: Harper Perennial, 1996.（中譯本：洪莉譯：《教孩子學習樂觀》，台北：遠流出版社，1999。）

4. Coopersmith, Stanley. *The Antecedents of Self-Esteem*. NY: W.H. Freeman and Company, 1967.

5. Erikson, Erik. *Identity: Youth and Crisis*. NY: W.W. Norton and Company, 1984.（中譯本：周怜利譯：《老年研究報告：人生八大階段》，台北：張老師文化，2000。）

Raising Wise
Dads, Moms & Kids

第八課

令人尊敬和良好品格

明智的爸媽令人尊敬，並要求孩子尊敬他們。懂得自重的孩子重視自尊，而且是可信賴的。尊敬並不意味着認同世界的標準，亦不會在基本信念和價值觀上讓步妥協。

晶儀和景信還小時，我們處罰他們的不當行為或惡劣態度的方法，是要他們站在房間角落面壁，倆人各有自己的「出局」區（Time-Out）；不准玩心愛的玩具或書本，反省自己所做的錯事。

一次，景信做錯了事，要面壁思過，那天我很忙，處罰了他之後，就繼續做自己的事，讀書、處理一些文件，又再讀書，然後，我起身上洗手間。

我正享受沐浴時，聽到有人敲洗手間門，然後有人聲傳來，剛好掩蓋過花灑的水聲：

「媽，我的面壁時間完了嗎？」

哈，我忍不住咭咭笑起來。我把他給忘了。

「媽，我的面壁時間完了嗎？雅雅（我家的保姆）問我要不要吃午餐。」

哎呀，原來已經過了將近一個鐘頭，午飯時間到了。

「嗯，當然，寶貝，你可以休息和吃午餐。你有沒有反省自己的錯誤？」

「媽，有。我餓了。」

外子和我教導孩子要誠實和可信。不准在面壁時間上「偷工減料」。我們信任他們的言語和行為真誠無偽。這是景信認真看待我們對他的信任的例子。孩子還小時，我便開始對他們使用「正直」(integrity) 一詞，我向孩子解釋英文的「正直」，其字根是「一個數字」(integer)，也就是「表裏如一」之意。我們教導孩子，《聖經》裏不勝枚舉的例子讓我們看到弄虛做假如何給國家、社區或家庭帶來慘重災難。

有其父必有其子

我經常受邀到學校和教會主持親子講座。我詢問聽眾，他們首三項育兒目標是什麼，他們總毫不猶疑提到：培育敬畏神和有道德的孩子。上海、台灣和新加坡所做的親子調查研究，首選答案也是「品格高尚的孩子」。

不過，會眾對我隨之的提問往往報以「鴉雀無聲」：

「你做些什麼事來培育有道德的孩子？」

「你在這些目標上投放了多少時間和精力？」

由於每個人都知道家長每天的當務之急幾乎都與學校有關——按時接送孩子上學放學，檢查他們的功課，責成學校的工作。爸媽跟孩子每天的對話可能就是責罵、勸誘、恐嚇成績惡劣的孩子，或向表現優異的孩子施壓以達到更優異的成績，造成孩子惱火、沮喪，或飽受壓力困擾，緊張兮兮。

倘若「培育一個有道德的孩子」如斯重要，我們作為爸媽，在每天的談話中，有否在這話題上投放了相應的時間和心血？

下一條提問更難，我問：「既然你相信『培育一個有道德的孩子』對家長而言非常重要，那麼，你是不是一個有道德要求的人，是孩子可以仿照的楷模？」

美國愛家協會（Focus on the Family Ministries）的創辦人，詹姆斯·杜布森博士（Dr. James Dobson）聲稱：「爸媽與子女的關係，是嬰孩最初，也是最重要的人際關係，當中的缺陷和糾結往往都會在日後的關係中顯現出來。」[1]

不但如此，作者肯定，「倘若你要孩子進入青少年期時接受你的價值觀，你必須在孩子年幼時是值得他尊敬的。當孩子可以在他人生的頭十五年成功地違抗父母，嘲笑他們，不可救藥地瞧不起他們的愚昧無知，他就會自然而然鄙視他們。」[2]

道德價值觀

要孩子學習道德價值觀，他們身邊必須有具備道德價值觀的父母，他們活出所相信的品格，並且認真模塑自己的孩子。

價值觀是什麼？價值觀是一套信念，指向何為心之當欲，什麼是重要和該珍惜的，以及所期望的行為準則。我們的價值觀影響個人目標，人生決定，所思所想，以及如何運用時間和花錢。

無論有意或無意，爸媽不自覺地活出自己的價值觀。一位媽媽一擲千金買一個手袋，面不改色，實質上已經以行動告訴了孩子自己所看重的。一位爸爸每天花十二小時在工作上，也向孩子宣告了自己所看重的。

孩子有意識和無意識地觀察和吸收價值觀，滲入內心深處。這些價值觀隨後引導他們每天的生活態度，行事為人，影響他們的興趣，以及何事可以滿足自己。價值觀經久不衰，根深柢固，難以改變。孩子認同爸媽的價值觀，並內化為自己的價值觀。

爸媽必須經常反省自己，刻意和不經意間教了孩子些什麼價值觀？這是非常重要的。

《聖經》有關美德的教導

《聖經》教導哪些價值觀？十誡是基督教價值觀的總匯。首四誡集中於我們與神的關係，接下來六誡則論及我們與他人的關係。在新約裏，耶穌總結這些重要的誡命，歸納為二條：其一，愛上帝；其二，愛鄰如己（〈馬太福音〉22：37-39）。

〈箴言〉提供了有關價值觀的一生教訓。例如，作者比較了懶惰和勤奮（10：12），蜚短流長和慎思明辨（11：13），仁慈和殘暴（11：17），慷慨和貪婪（11：24），謙遜和傲慢（12：9），自律和魯莽（13：3），溫柔和粗魯（15：1）

每組價值觀均論及其後果。它們是人生的一部分，並且應當成為父母與子女每天交談的一部分。再者，每組價值觀都涉及道德抉擇，孩子要能夠擇善而從。每項重要的美德都是親子的目的，應包含在親子評估的標準當中。

小孩子也從《聖經》故事中學習美德。

我喜歡獻出自己五餅二魚的小男孩，耶穌祝福了食物，用來餵飽五千人。

我欣賞勇敢的小牧羊人大衛，不畏巨人，一石便將巨人打倒。我喜愛他的朋友約拿單，在友情受到威脅之際，仍忠於朋友。

我喜愛大膽的小女孩米利暗，她暗暗看守放在河邊的蒲草籃，裏面載着她的小弟弟摩西；她說服公主，讓嬰兒的母親進入王宮照顧摩西。

我喜愛那聰明伶俐的男孩耶穌，他如此熟悉《聖經》，足以和經學老師們對答如流。

恰如一首詩歌的歌詞：「我愛傳揚主福音，愈傳愈覺歡欣；每次從頭說一遍，倍覺甘甜清新。」

還有，聖靈模造的品格果子：仁愛、喜樂、和平、忍耐、恩慈、良善、信實、溫柔、節制（〈加拉太書〉5：22-23）。發展這些美德是一生之久的努力，且比學校考試得滿分更值得讚揚。

還有，電視節目所教導的：我應得的，不滿，卑鄙，爭強，好勝，虛榮，褻瀆和欺騙，這一切與聖靈的品格天差地別。我們情願轉向《聖經》，或允許自己的孩子轉向電視和互聯網尋找模仿對象？

道德教育

威廉・貝內特（William Bennett）在所著的《美德書：偉大勵志故事的寶藏》（*The Book of Virtues*）中說：道德教育是訓練心和腦向善。[3]

道德教育含眾多面向：它涉及規條和戒律。正如大自然有物理定律，人有道德律。基督教的道德教育不應為了自由的緣故，而將規例和章則，原則和戒律扔出課室門外。

正如物理定律，道德律也有後果。從高樓跳下必死無疑。性放縱導致性傳染病，包括愛滋病（譯註：愛滋病主要透過血液感染而非傳染）。遵守規章和法律勝過違章違法。價值中立之說（Values clarification）曾喧於塵上，道德被視為個人選擇，或個人喜好，小孩和青少年有能力自作決定，並不受其後果影響。規章和法律是用來保護我們的，請勿逾越。前有危險！

此外，道德教育包括道德論證的教導。在適當的時候，邀請孩子對話或討論，這比下命令：「跟着做，不得有違，因這是老子説的。」更為有效。教孩子思考「若一個人這樣做，或沒有這樣做，後果如何？」將有助於他明白判斷一項行動好壞的理據。

還有，道德教育包括教道德選擇。為父母的有沒有信心，子女不在身邊，處於同輩的壓力之下仍能自由地選擇正確之路？自由選擇的才是道德的行為。裝備孩子作正確的選擇，其原則源於《聖經》而作的多年訓練，這訓練當始於孩子年幼之時。羅伊．迪斯尼（Roy Disney）説：「知道自己的價值觀為何，做決定就不難。」

最後，道德意志的訓練也很重要。我們如何教導孩子樂於成為有道德的人，以致他們傾向正向的道德價值觀？這一切來自多多祈禱，耐心教導和正面榜樣。

尊敬和可敬

惟有當孩子尊敬父母的權威時，他們才服從父母和願意受教。惟有值得尊敬的父母才可以要求孩子尊敬自己。

尊敬，何解也？尊敬的意思是重視他人，待之以仁以禮。尊敬含良好儀態，但遠不止彬彬有禮。它源於相信別人有價值，有尊嚴，與自己無異。

父母藉着尊重孩子來教導何謂尊敬。是的，甚至孩子，特別是孩子，是值得尊重的，眾人似乎都尊敬有地位有權勢的人，小孩子無地位無權勢，最容易遭受大人虐待。

〈詩篇〉139 篇説，我們每個人受造奇妙可畏 —— 一個珍貴的人，天生無與倫比。好，那如何對待在天父眼中看為寶貴的、我們的孩子呢？倘若我們小心翼翼保護一件藝術品，我們豈不更要小心翼翼保護自己的孩子嗎？

小孩子不會一夜之間學曉尊敬，但是，孺子可教。懂得尊敬之道的孩子意味着他們聽從父母，合宜地回應。當你喊：「吃飯了」，「該睡了」，「該走了」，孩子是不是迅速回應？孩子可不是天生如此。當他們經歷到不聽話，不守家規的後果，諸如給獨自留下，飯菜統統收到冰箱裏等等，他們學習聽從你的話。有些家規是為全家每個人的好處，例如：尊重他人的時間安排。

爸媽常常很自然地對孩子説：「謝謝」，「抱歉」，「可以嗎」和「對不起」，才可以期望孩子依樣畫葫蘆，有樣學樣。爸媽不擅自取孩子的東西，體現了尊重孩子和他們所擁有的。

粗魯無禮和不道德的行為充斥電視機的四方框裏。請看一看電視節目的題目：《辣妹過招》(*Mean Girls*)，《花邊教主》

（*Gossip Girl*），或《美少女的謊言》（*Pretty Little Liars*），或替名人的酗酒、嗑藥、暴力和通姦披上華麗外衣的所謂真人真事節目，無怪乎孩子會對道德價值，自我尊重和尊重他人感到困惑。

道德墮落

2007 年，文化與媒體研究所（Culture and Media Institute，CMI）作了一份「美國國家文化價值觀調查」（USA National Cultural Values Survey），研究所人員報告，觀看電視可能有害道德健康。[4] 電視四方框所傳遞的信息削弱道德價值，而電視觀眾和負向的道德觀（permissive）相依相關。大量觀看電視的人會對性、墮胎和同性戀所持的看法更為縱容。時下許多電視節目盡是偷窺（voyeuristic），名人迷戀和自戀。

整體而言，大多數美國人相信國家道德正在滑落。有意思的是，調查對象相信媒體是造成道德滑落的第二大肇因。第一肇因呢？家庭！

為何我們在道德標準上摔得那麼重？喬・懷特牧師（Rev. Joe Wright）於 1996 年，在堪薩斯州眾議院所作的這篇祈禱文説明了因由，這篇禱文曾令一些政客拂袖而去：

天父，今天我們來到你的面前，懇求你饒恕，和尋求你的方向和指引。我們知道，你說：禍哉，那些稱惡為善的，但是，這可正正是我們所行的。我們失去了靈性平衡，改變了我們的價值。

我們承認：

我們嘲笑絕對真理 —— 你的話語，稱此舉為多元主義。
我們崇拜其他神祇，稱之為多元文化主義。
我們允許變態，稱之為另類生活方式。
我們發行彩票，合法地剝削窮人。

我們獎勵懶惰，稱之為社會福利。
我們殺死自己的胎兒，稱之為選擇。
我們槍殺墮胎者，稱之為公義。
我們忽略了管教自己的孩子，稱之為建立自尊。
我們濫權，稱之為政治。

我們垂涎鄰舍的財產，稱之為雄心壯志。
我們以褻瀆和色情污染空氣，稱之為表達自由。
我們嘲笑先民歷久彌新的價值觀，稱之為啟蒙。
天父啊，今天，請你鑒察我們，明瞭我們的心思意念，
洗滌我們每一項罪，讓我們重獲自由。

成績單的另一面

許多好心的家長十分認真看待自己的父母職責。但是，我們往往被世俗的價值觀牽着鼻子走，忘記了上帝所看重的與人的不同。「人是看外貌；耶和華是看內心。」（〈撒母耳記上〉16：7）上帝重視那些具有「八福」美德的人：靈裏貧窮的，為罪惡感到悲傷的，柔和謙卑，飢渴慕義的，慈悲為懷的，清心的，使人和睦的。（〈馬太福音〉5：3-12）

身為父母，當我們看見成績單的另一面：沒有評分，但更為重要的人生功課，我們就有智慧了。愛因斯坦（Albert Einstein）說得好：「一切可以打分的不一定算數，一切算數的不見得能得分。」

爸媽的反思札記

1. 你首三項育兒目標是什麼？你的配偶持有相同的目標嗎？

____

____

____

2. 如何最有效地達到這些目標？

____

____

____

3. 我每天的所作所為是否反映了所重視的育兒目標？何事「是」？何事「否」？

____

____

____

為孩子打打分

若以 1 至 10 為一把尺的度數（10 為最高），你如何給孩子下述美德評分（若有多過一個孩子，請給每個孩子個別打分）。

__ 1. 尊敬父母

__ 2. 以仁慈對待傭工

__ 3. 謙遜為懷，不以自己的成就沾沾自喜

__ 4. 勝不驕，敗不餒

__ 5. 溫柔對待弱者或小動物

__ 6. 慷慨與他人分享

__ 7. 自律，不亂發脾氣

__ 8. 用功讀書

__ 9. 對人有耐心

__ 10. 被人冒犯時願意饒恕對方

爸媽的禱文

親愛的天父，你有恩典，有憐憫，不輕易發怒，
樂於饒恕。請教導我成為 ________（孩子名字）
的好爸爸 / 媽媽。加添我力量，
助我先成為 ________（孩子名字）
的品德楷模，我希望能夠在孩子的身上
培養同樣的品德。當我在天父的幫助之下，
努力作一位好父母時，願聖靈時時刻刻與我同在，
在我失敗之時督責我；感到灰心沮喪之時，安慰我。
阿們。

註釋

1. Dobson, James. *Dare to Discipline*. NY: Bantam Books, 1970, 14.

2. ibid, 15.

3. Bennett, William. *The Book of Virtues*. NY: Simon and Schuster, 1996, 11.（中譯本：吳美真譯：《美德書：偉大勵志故事的寶藏》，台北：圓神出版社，1998。）

4. The Media Assault on American Values. www.mrc.org/special-reports/media-assault-american-values

第九課

靈性成熟

靈性成熟不會自然而然發生，需要爸媽投入時間和專注培養。生命影響生命。惟有爸媽自己的靈性成熟，才能引導兒女走向成熟。學習不僅僅為了成功和物質的目標而祈禱，祈禱乃要為符合《聖經》的倫理道德。

最近這些日子，林書豪（Jeremy Lin）在所有媒體掀起一股「林瘋」（Linsanity）旋風，他和米高・佐敦（Michael Jordan）、姚明一道，成為家喻戶曉的人物，不僅僅 NBA 球迷，甚至連那些從不觀看 NBA 球賽的，乃至台灣的媽媽和婆婆也聞其名。

這位二十三歲的紐約人籃球隊巨星，在一場球賽中個人以 38 分擊敗對手高比・拜仁（Kobe Bryant）（編註：高比・拜仁在該場中個人只取得 34 分）；又在 2012 年的首六場比賽中，以平均每場 28 得分，帶領己隊七連勝（截至我寫本章為止）。

令林書豪與其他 NBA 明星截然不同的，是他並不怯於表明自己的基督教信仰——每次賽後訪問和記者招待會上，他都感謝上帝。林書豪的社交網站上的口號宣告：認識上帝，就是希望更深認識祂（To know Him is to want to know Him more）。

2011 年 11 月一個晚上，我如常收看台灣基督教電視台「好消息」。當晚受訪嘉賓是一對母子，我不認識她們。兒子取得哈佛大學經濟學位後，剛剛加盟美國職業籃球隊 —— 一個不尋常的組合，我心想。

我收看這題為「哈佛小子」的一小時訪問。內容不是常見的故事：勝過疾病、貧窮、或禍患，或者一位新近歸信基督教的名人。這對受訪的母子相當低調和謙虛，分享自己的信仰和籃球。

在這個「林瘋前傳」的電視訪問中，書豪分享自己早期的掙扎：沒有取得史丹福大學獎學金（而史丹福大學就在他就讀的中學對面），接着職籃選秀中又沒有得到錄取。他熟練地引用《聖經》，談上帝的謙卑功課使他明白苦難鍛煉一個人的品格。書豪侃侃而談，他說，在 NBA 打球給了自己一個獨特的平台，讓他可以榮耀上帝。他希望透過自己的人生，以及如何與隊友，對手和公眾交往，反映出上帝的形象。

書豪生於美國一個台灣移民家庭，父母都是基督徒。他是一個活生生的例子，說明了家庭靈性教育為何那麼重要。他談到父母教導他要將上帝置於一切之上，他深信若自己贏得成功和財富，卻沒有上帝，那他就是一無所有。他相信，在 NBA 職業生涯裏，有從上帝而來的詔命。他學會了無論贏輸，心中有平安，並且知道這平安並非源於自己，乃是來自上帝。書豪同意母親的看法，他明白 NBA 領域內的誘惑，所以常常祈禱。相信只要自己和上帝關係良好，上帝將會帶領他的一生。

當被問及有關 NBA 退役後的計劃，書豪迅速回答，他打算去唸神學，當一名傳道人，和從事為弱勢羣體服務的社會工作（他在哈佛副修社會學）。今天，在覆蓋全球的主流媒體面前，書豪常常將自己的成就歸於上帝，又補充説他打球的主要動機是為了上帝。

觀看這對母子與觀眾分享人生中靈性承諾的重要，以及一家人彼此支持，在世界競技場上活出信仰，實實在在溫暖人心。

健壯家庭和靈性委身

尼克・史丁（Nick Stinett）和約翰・迪飛（John Defrain）在 1985 年對 3000 個家庭進行調查研究之後，得出結論，健壯的家庭含六項品質：[1]

1. 承諾持守家庭。
2. 家人花時間在一起。
3. 家人之間溝通無礙。
4. 彼此欣賞珍惜。

5. 持守靈性承諾。

6. 發生危機時，能夠一起解決問題。

在你的家裏，靈性承諾重要嗎？爸媽是否認真看待靈性栽培？若是，爸媽需要首先察看自己是否靈性成熟。

葛培理（Billy Graham）說：「父母要先培育自己的靈魂，以至他們或許可以培育子女的靈魂。」

你有否想過為何有些基督徒好父母，孩子卻離經叛道？或者，為何有些孩子會揚棄父母的價值觀？

有些父母太遲開始教導基督教的信仰和價值觀。別的原因可能是孩子看到父母的信仰和行動不一。有時父母以為自己在教基督教信仰，其實不過在嚴守基督教教條。也有可能是孩子沒有得到機會決定自己的信仰，以至委身其中，或者，父母沒有成功地讓信仰的種子發芽長大成熟。

靈性成熟

我一邊閱讀奧斯瓦德・孫德生（Oswald Sanders）所著的《追求成熟》（*In Pursuit of Maturity*）一書，[2] 一邊記下靈性成熟的標記，我把標記抄寫在《聖經》背面，寫於 1986 年（我剛當了母親）的筆記，一直保留迄今。每隔一段時間，我便翻閱所記下的十三項要點，檢查一下，根據這些標準，自己做得怎麼樣，也看一看自己如何教孩子。

據孫德生之見，「培養成熟的主要標誌是：個人成長，與上帝同行的經驗，以及更深地認識祂的強烈願望。」在〈出埃及記〉33：13，我們讀到摩西的感人祈禱：「我如今若在你眼前蒙恩，求你將你的道指示我，使我可以認識你，好在你眼前蒙恩。」好一篇「認識上帝」的禱詞，實在值得我們學習，並作育兒的目標。

一位成熟的基督徒同時也有「生活目標……維護上帝的榮耀：認識上帝和榮耀祂。」約翰・派博（John Piper）的口號提醒我：「當我們對上帝最感到滿足時，上帝便在我們的當中最得榮耀。」父母是否活出這份真相，他們是否對上帝深感滿足？

孫德生則相信，「對成熟的基督徒而言，聖潔比快樂更具吸引力。」父母和子女到教會來，必須心懷學習成聖的目的——而不是為了自己的快樂來爭取上帝的恩惠。記得孩子剛開始牙牙學語時，我便教他們非常簡單的祈禱：「主啊，請幫助我成為一個聖潔、健康和快樂的人。」他們年紀稍長，我多加一句：「沒有了聖潔的快樂，就不是你所喜悅的快樂。」

孫德生提醒我們，一個成熟的基督徒渴望成長，他會「對喝靈性的奶感到不滿足」，渴望「吃乾糧」。

你身為父母，是否渴求講道和閱讀中含足夠分量的《聖經》教導？你的孩子是否在《聖經》知識中成長，並堅定地持守基督教信仰？

當一個基督徒這樣做，就能夠發展出「慎思明辨的能力，懂得分辨真與偽，善與惡。」恰如〈希伯來書〉5：13-14 所言：「凡只能吃奶的都不熟練仁義的道理，因為他是嬰孩；惟獨長大成人的才能吃乾糧；他們的心竅習練得通達，就能分辨好歹了。」

孫德生進一步指出，成熟基督徒的素質是「喜愛服侍他人多於受服侍，施予多於接受」，「成果纍纍，而非一事無成」，「願意肩負責任」，以及「愛上帝，愛人的心不斷增長」。

這是一份極佳清單，可供父母用來提醒自己和孩子何為當有的重要素質。我們對許多清單都認真看待 —— 孩子的健康記錄，學校的成績單，或生意的財務報表。我們也可以用這份靈性清單來檢查自己哪些地方有長進，哪些地方落後。

家庭傳統

我的爸爸是一位屬靈領袖，他十分認真看待兒女的靈性栽培。我在這樣的家庭長大。從小學至中學，我們都唸基督教學校，課堂上教《聖經》課，早會時間則是佈道會和培靈會。我家幾乎從未缺席教會的主日崇拜，我們每天靈修，參加教會事工，前往偏遠省份傳福音，實行十一奉獻，我們也常常在家裏舉行崇拜。

爸爸是我家的祝福。在他逝世 15 周年時，我寫了一篇關於他的文章，在基督教雜誌《耶利米的兩難》（*Jeremiah's Dilemma Quarterly*）上發表，我以下列幾行結束：

> 一天告終之時，深深盤旋在我腦海中的圖畫，是父親在自己的房間裏，他跪着，面朝窗口，雙手擱在深棕色的旋轉椅上，支撐着頭顱。在長達一小時的祈禱裏，他與上帝交談，為每個孩子祈求，早晚各一次。他所帶來的祝福，無論是有聲或無聲，在光中，在暗裏，或微笑，或哭泣，都是他留下的巨大遺產。我們在他祝福的覆翼下成長。

我和丈夫都無法與父親相提並論，不過現在我的腦海裏浮現一件事，或許可以説明我們想如何養育自己的孩子。

2005 年，女兒前往北京進修國語，為期一年。聖誕節假期來臨，由於在中國，聖誕不是公眾假期，我們決定全家去探望她。一週之前，我打電話給晶儀，邀請她的朋友和我們一起吃午飯。於是聖誕節主日早上，崇拜之後，我們一行 14 人聚集在一家意大利餐館吃聖誕餐。晶儀的朋友計有來自法國、波多黎各、印尼、泰國、馬來西亞，還有幾位菲律賓華人，他們大都不是基督徒。我們按照平時的習慣，由一家之主高覺新帶領謝飯祈禱。在菲律賓，在公眾場合祈禱沒啥稀奇，不過在中國就引起了注意。吃過午飯，我們正要離去時，一對坐在我們背後，完全不認識的美國夫婦，過來熱情地和我們打招呼，說看到我們在中國一處公眾場合祈禱，深感欣喜。

兩個陌生的家庭，一個何等美好的舉動！因為身為父母，我們努力使靈性發展成為家庭教育重要的一部分。

家庭教育中的《聖經》

我們的孩子從小就從《聖經》學到許多有關上帝的事。他們透過觀看深受歡迎的影片《天書》(*Super Book*)，以及《會飛的房子》(*Flying House*)，熟悉許多舊約和新約的故事。晶儀一貫喜愛故事，她認識《聖經》裏每個人物，無論是大人物或小人物。

身為父母，我們小心給孩子選學校，學術卓越或名氣並不是惟一條件。最後，我們選了菲律賓基督教靈惠中學（Grace

Christian High School，今名基督教靈惠學校）。靈惠中學的課程含《聖經》課，學校也定期舉行崇拜。從幼稚園到中學，孩子都在這所學校上學，正如外子和我小學至中學都唸嘉南中學（Hope Christian High School）。

當孩子開始懂得閱讀，我們給他們各買了一本有插圖的兒童《聖經》。到了他們唸小學，我們買了適合他們年齡的靈修書。我定期檢查他們的進度。每年當他們用完了一本靈修書，我就仔細給他們選購另一本。長年累月下來，他們閱讀和收集了一大堆靈修書，由最簡單的，到約書・麥道衛（Josh McDowell）和史坦利・鍾斯（E. Stanley Jones）的著作。

作為我們家的屬靈領袖，吃飯前，覺新帶領全家手牽手祈禱。晚上抱孩子上牀睡覺，爸爸一定會握着每個孩子的手，為每個孩子作睡前祈禱。當他們年紀較長，我們會詢問他們是否想自己祈禱，或由爸爸祈禱，景信特別喜歡和爸爸一起祈禱。此外，我們也教導孩子，無論何處進餐，總要感恩祈禱。景信年幼時，喜歡長篇大論祈禱 —— 甚至長途行車，中途停靠漢堡飽快餐店小休也不例外。

星期天，我們全家一起出動上教會。前往教會路途是親子好時光。他們會穿得比較正式，我們不准他們穿短褲或拖鞋，以示尊重。

今時今日，孩子都已長大成人，居住在不同國家，他們從未錯過出席教會主日崇拜。事實上，每次他們因學習或工作的緣故要搬家，我們作為父母所做的第一件事是給晶儀和景信在家附近找一家好教會。我和覺新會在新城市至少逗留兩週，聽一聽該教會傳道人講道。孩子從小就實行十一奉獻，將他們每週零用錢的十分之一奉獻給教會。

在中國上海和澳洲悉尼時，晶儀是崇拜團中的樂手和詩班成員，目前她人在香港，是敬拜隊的隊長。孩子繼續每天靈修。一天，我和景信透過 Skype 交談，我問他正在用哪一本靈修書，他回答說，他一直閱讀大段大段《聖經》，目前正在讀〈約書亞記〉。

培育孩子發展強而有力的靈性紀律，使他們內化為自己的價值觀，這將帶領他們在信仰旅程上走得很遠很遠。

如何為孩子祈禱

父母如何為孩子祈禱？看孩子的一張心靈健康成績表便一清二楚。我欣然收到導航者（Navigators）寄來的一張祈禱帖，由鮑勃．候斯樂（Bob Hostetler）所寫，有關如何為孩子祈禱（www.praymag.com）。

我們當為孩子這些事祈禱：救恩，恩典中成長，活出有仁愛的人生，熱愛神的話，熱愛正義，憐憫，忠誠不二，熱愛和平，善良慷慨，有勇氣，純真，知足，喜樂，知恩圖報，常懷希望，常常祈禱和宣教心。

倘若你拿起《聖經》，讀一讀那些把生命全然奉獻給耶穌，又如此執著實踐的人，上文的清單還可以繼續延長下去。我必須承認這是一項艱鉅的任務，由於我們所處的社會是以外在成就來衡量成功，我們的祈禱通常圍繞在我們認為是緊急或重要的，而不是有關內在的資源，美德和品格。

作為家長，我們也需要為孩子注重內在靈性操練並形成祈禱習慣，諸如禱告和研讀《聖經》，簡樸生活和服侍的外在操練，以及崇拜和導引的團體操練。誠如傅士德（Richard Foster）在《屬靈操練禮讚》（*Celebration of Discipline*）所言，[3]「膚淺是本世紀的咒詛」，我們需要「有深度的人」。靈性操練把我們放到上帝面前，讓祂可以陶冶我們。

將孩子帶到基督面前

基督徒爸媽往往一廂情願以為自己的孩子是基督徒，不一定。在基督教家庭長大的孩子或許不知道每個人必須自行決定是否接受基督為生命主宰，還以為自己天生就是基督徒。

誰能夠帶領一個孩子歸向基督？爸媽可否假設，或者，期望傳道人或宣教士負責帶領自己的孩子去到救恩之門？

非也。事實上，父母若是重生得救和受聖靈引導的基督徒，就是處於最有利位置，知道孩子何時準備好了接受基督，可以帶領孩子決志信主和確認救贖恩典。

倘若你是基督徒，請帶領你的孩子做相同的事。你可以鼓勵他宣讀下述這篇祈禱（有時稱為〈罪人的禱告〉）：

> 天父，我知道我觸犯了你的律法，我的罪使我與你隔離。我誠心懺悔，現在我願意從過去罪中的生活回轉，為你而活。請饒恕我，幫助我不要再犯罪。
>
> 我相信你的兒子耶穌基督為我的罪而死，祂從死裏復活，仍然活着和垂聽我的祈禱。我邀請耶穌成為我生命的主宰，從今以後在我心中掌權和管理。
>
> 請差遣聖靈助我服從你，遵行你的旨意，一生一世。奉耶穌名求，阿們。

爸爸媽媽們，倘若你還不是基督徒，請現在接受我的邀請去做這項決定。你必須承認自己是一個罪人，無力救贖自己，故你需要上帝的救贖。你（需要）口裏承認，心裏相信，上帝如此愛你，以至差遣耶穌為你而死，作你罪的贖價，惟有依靠上帝的恩典，和相信耶穌基督，及祂釘死在十字架上所完成的救贖大功，你才能得救。

請讀〈羅馬書〉3：23，6：23；〈約翰一書〉1：9；〈以弗所書〉2：8。為你的罪懺悔，並接受耶穌基督的赦免，承諾跟隨耶穌和服從祂。聽從聖靈，每天與祂同行。

當然，你也可以使用上述〈罪人的禱告〉作為你個人的祈禱。

爸媽的反思札記

爸媽的承諾

讀一讀下述事項，哪些你會承諾繼續，或將會為自己和孩子而做，以達到靈性成熟：

__ 1. 每天為孩子祈禱。

__ 2. 定時和孩子一起祈禱。

__ 3. 定時讀《聖經》。

__ 4. 帶領孩子接受耶穌基督為個人救主和主宰。

__ 5. 每主日參加教會主日崇拜。

__ 6. 在言語和行為上作一個成熟基督徒典範。

__ 7. 重視靈性成長勝過世上的成功。

__ 8. 教導孩子有關基督徒品格和美德的屬靈價值

__ 9. 相信上帝會在家長職責上保守我。

__ 10. 在家庭和工作上榮耀上帝。

想一下你的孩子

請在空白的地方填上你的答案：

每當我想起孩子，就為而 ________________________________

感謝上主

我祈求 ______________（孩子的名字）有一天會 __________

____。

______________（孩子的名字）是從上帝而來的祝福，他教我曉

得 ____

我將全力以赴引導 ______________（孩子的名字）的靈性操練，

因為 ____

____

____

為你的孩子寫禱文

親愛的主耶穌，我將 ____________(孩子的名字)

交託在你手裏，求你

____

____

____

____

____

____

註釋

1. Quoted in Swindoll, Charles R. *The Strong Family*. GR, MI: Zondervan Publishing House, 1991, 14.
2. Sanders, Oswald. *In Pursuit of Maturity*. GR, MI: Zondervan Publishing House, 1986.
3. Foster, Richard. *Celebration of Discipline: The Path to Spiritual Growth*. London: Hodder and Stoughton, 1980, 1.（中譯本：周天和譯：《屬靈操練禮讚》。香港：基督教學生福音團契，1993。）

Raising Wise
Dads, Moms & Kids

第十課

循正確途徑尋覓智慧

敬畏耶和華是智慧的開端。明智的爸媽忠心閱讀和默想上帝的話語，使自己不斷獲得智慧。明智的爸媽相濡以沫，並憑着愛心的教導和彼此督責，與其他爸媽相互勉勵。

法國數學家和哲學家帕斯卡（Blaise Pascal）說：「在現今時代，真相如斯晦澀無明，而假像如斯根深柢固，以至於若非我們熱愛真相，就無法認識真相。」[1] 他在 16 世紀寫下的這句話，卻更道出了 21 世紀的狀況。

《謊言聽之任之》（*Lies that Go Unchallenged*）的作者查理斯・柯爾森（Charles Colson）在書中列出了滲透入流行文化——電視節目、音樂、閱讀資料和企業倫理的多個謊言。[2] 讓我們看一看首兩個謊言：

謊言一：「我們擁有選擇的自由，可以選擇做怎樣的人，做想做的事。」

在這句謊言背後，柯爾森看見了更深沉的世界觀，「個人無須向更高權威負責。」但是，我們能夠信任自己嗎？倘若我們的道德價值觀和行動不是基於上帝的標準，乃是我們自己的自私議程，我們所作的人生選擇會是正確的嗎？

謊言二：「婚姻是二人之間的事，其存在繫於二人是否開心。」

這可不正是今天正在我們社會上發生的嗎？看一看所發生的事吧：離婚、同性婚姻、婚外情、私生子。當單親在電視節目中顯得如斯動人之際，其危險是躲藏在背後的世界觀，「婚姻不是一男一女一生之久的神聖盟約，當二人之間的共同利益告終時，就可以解除合約。」

在接受約翰．派博（John Piper）的訪問時，華里克（Rick Warren）談到了自己的信念，以及他所負責的馬鞍峰教會的家庭願景，他說：「沒有非婚生子女，只有非婚盟父母！」

可不是，我老感到疑惑，為何在我國（編註：菲律賓）有些孩子要背負「非婚生子女」的黑鍋？與此同時，以「心理上無能為力」為理而作的離婚，又如此輕而易舉地給了那些不負責任的電視名人父母？為何這些「心理上無能為力」的父母如此匆匆趕往下一場男女關係？他們的「無能為力」是否已經療愈？

當愈來愈多人視婚姻如商品，可協商可交易，當物質主義和事業成功更為重要，在這樣的一個世界裏，在一個人的優先次序單上，家庭和婚姻的排名為何？

在成功階梯底層

有些時候，社會主導了我們如何安排人生的優先次序。成功、個人快樂和擁有財富遠比婚姻和孩子重要。倘若孩子被視為成功路上的攔阻，大家就認為墮胎應該合法化。倘若婚姻被視為追求快樂的障礙，他們就把它掃到地毯底下。就是這樣。

當夫妻要孩子時，許多人並沒有準備好為人父母所要求的無私。為人父母是最無私的行為。對母親而言，懷孕時失去體態只是第一步而已。為人父母是每天放下我們的私人時間、精力、金錢，以及有時是事業前途。

但是，如果我們從一個正確的角度來看待為人父母，為人父母是一份禮物，帶給我們許多歡樂，以至有時深覺不配。

我們一家甚喜歡去旅行。自兩名孩子一個六歲和另一個三歲起，我和覺新外出旅行時，幾乎都帶他們同行。2000 年，我在《菲律賓詢問者日報》（*Philippine Daily Inquirer*）上撰文，題為〈旅行和人生教訓〉（Travelling and Life Lessons），其中一段是這樣的：

> 1998 年，晶儀十三歲，景信十歲，在法國蔚藍海岸的尼斯，我們全家於一家玻璃餐館吃晚飯，我們的座位靠窗，可以眺望到海岸。我和外子跟平常一樣，聆聽孩子們熱烈地聊天，這時一位英國紳士走過來，當他説已經留意我們好一陣子，我們吃了一驚。

他認為現在很少見到一家人一起交談，享受晚餐。他真誠稱讚我們之後，轉身離去，形單影隻。多年後，那一幕依然存留在我的腦海裏。

父母的智慧與孩子一同成長

與一般流行的看法相反，為人父母不但不會削弱我們，反而令我們成為更優秀的人。對許多爸媽而言，育兒恍若給了他們當頭棒喝。孩子令他們成熟，是他們本身的父母所不能及的。新任爸媽現在要照顧自己的健康，他們慢下步伐，不再輕易冒險犯難。「笨豬跳」開始成為要三思的運動項目，是不是該換為騎旋轉木馬了？他們開始認真考慮孩子成年時自己是否仍然健在？他們做體檢，留意自己的膽固醇和飲食的熱量。

父母想做好人，而且做得更好。他們學習為自己的所作所為善後，考慮自己行動的後果。父母希望孩子學曉公平競爭和正義的原則。當他們這樣做時，就必須面對道德標準。為了孩子的緣故，而努力做一個更好的人，是一個不錯的主意，願意為下一代作長遠打算那就更好。

為人父母帶來更深沉的承諾。當一個人意識到要為孩子的生存負責任時，就會明白到為人父母可不能等閒視之。為人父母是一份詔命。這不是一樣嗜好，你不能在感到沉悶時放棄。

為人父母令夫妻倆為將來籌謀打算，從自己的花錢方式中醒悟過來。生兒育女帶領我們進入更廣闊的情感光譜與表達渠道。我們摟抱自己的嬰兒，嗅他們的頭，捏他們的手。當他們生病，我們感到揪心、憐憫、焦慮，是之前從未經歷的。

育兒要求我們在滿足自己的需要和孩子的需要之間達成平衡。我們長大成人好幫助孩子欣賞自己的天分，發展技能和明瞭自己的情緒。在幫助孩子建立自我認同之際，我們也建立了自我。我們將自己在生活中驗證過，有價值的價值觀教導孩子。

為人父母實實在在是一份神聖的信託。但是，我們如何達到這崇高的期望呢？我們需要智慧，不僅僅為了避免將為人父母這件事搞得一塌糊塗，更是為了將我們人生最重要的角色演得精彩絕倫。

從天而來的智慧

〈箴言〉告訴我們這無以倫比的智慧。真智慧不單單是聰明而已，更包含了道德上的正直。(8：7-9）智慧教導我們審慎，真理，嫉惡如仇，慎思明辨，以及正義。

你可以直接感受到自己的智慧或愚昧的影響。「你若有智慧，是與自己有益；你若褻慢，就必自己擔當。」（〈箴言〉9：12）。智慧產生財富和榮譽。智者受到祝福，他們能夠找到生命，與此同時，愚者喜愛死亡。罪惡充斥的生活方式最終帶來毀滅，智慧則指示走向豐盛人生的道路。

智慧遠勝黃金和白銀。《聖經》告訴我們，智慧至高無上，因此，要得着智慧。（〈箴言〉4：7）

「敬畏耶和華是智慧的開端，認識至聖者便是聰明。」（〈箴言〉9：10）。所有智慧取決於認識上帝，和降服在祂的旨意之下。智者聆聽和不斷學習，愚者厭惡智慧。（〈箴言〉1:5，7）。若我們想成為有智慧的爸爸媽媽，便得緊緊抓住那位至高無上的至聖者。

上帝的話語是我們的生活指南：「你的話語是我腳前的燈，路上的光。」（〈箴言〉119：105）

智慧書中的〈詩篇〉從比較敬虔人和褻慢人開始。兩者各方各面的對比都極為強烈。「惟喜愛耶和華的律法，晝夜思想，這人便為有福。」（1：4）敬虔人從上帝的話語裏尋得極大喜樂。

〈詩篇〉19 篇更告訴我們，上帝的話語十全十美，篤定不移，正直無偽，純粹無瑕，潔淨無污、真實無假；上帝的話語具有能力，能夠甦醒人心，使智者返璞歸真，使人心歡喜快樂，使人的眼目雪亮；上帝的話語永遠長存。

《聖經》的價值無與倫比，比黃金和蜂蜜更令人渴慕。詩人的喜悅並非僅僅來自短暫的享受，乃是一個門徒的歡欣，他將自己的生活全然押在上帝話語的原則上。

上帝的信息是活生生的，且積極有為，如利劍刺透人心深處——思想、情慾、計劃、企圖和動機。「上帝的道是活潑的，是有功效的，比一切兩刃的劍更快，甚至魂與靈，骨節與骨髓，都能刺入、剖開，連心中的思念和主意都能辨明。」(〈希伯來書〉4：12）我們無法逃過上帝話語的能力，因此，閱讀《聖經》可不是什麼時候都那麼愉快。

無論如何，〈提摩太後書〉3：16-17 說：「聖經都是上帝所默示的，於教訓、督責，使人歸正、教導人學義都是有益的，叫屬上帝的人得以完全，預備行各樣的善事。」定時研讀《聖經》至少令我們在四方面獲益：教導信仰教義，督責糾正錯誤，使我們踏足正途，並在學義的漫漫長途上，不斷裝備訓練我們。

浸潤在上帝的話語裏

使徒保羅提醒我們：「當用各樣的智慧，把基督的道理豐豐富富的存在心裏，用詩章、頌詞、靈歌，彼此教導，互相勸戒，心被恩感，歌頌上帝。」(〈歌羅西書〉3：16) 讀上帝的話語，明白、默想、背誦、研究，使之成為你對抗誘惑的武器。因為「聖靈的利劍」就是上帝的話語（〈以弗所書〉6：17)。我們要穿上屬靈的盔甲，為了磨快利劍，務要透透徹徹、確確實實明白了解《聖經》。

智慧來自根據上帝話語正確生活開始。屬天的智慧將會帶領我們走過人生的滄海桑田 —— 為人父母路上的高高低低。我們本不認識何為對錯，或者，我們可能沒有足夠信心面對所遇到的問題。我們可以隨時轉向上帝的話語。

不過，許多時候大家因為不熟《聖經》，不知哪頁可以找到答案。因此，定時和持續不斷讀《聖經》，使上帝的話語成為我們的人生核心，即意識的一部分，是很重要的。惟有浸潤在上帝的話語裏，我們才會有智慧。沒有捷徑可通往智慧。

巴刻認為，智慧是「看見的能力，選擇上好和最高目標的傾向，以及取得這一切最確切的方法。」[3] 上帝知道何為上好及最高目標。惟有透過上帝的眼睛，我們才能看得一清二楚。

在本書第一章，我曾問你的育兒目標是什麼。惟有上帝才能教導你那是什麼。上帝給祂兒女的目標是「似基督」。這應當也是我們對自己孩子的目標。惟有當我們知道了目標 —— 知其終，我們才準備好去明白最佳方法，而不會爭先恐後追逐那些熱門的親子課程，或受營銷策略所欺騙。

把你最好的獻給家庭

我們常常聽到一句話：「一位父親能夠給孩子的最好禮物就是愛孩子的母親。」同理，「一位母親能夠給孩子的最好禮物就是尊重孩子的父親。」孩子能夠得到的最好禮物，沒有什麼能夠比得上一個相親相愛，完整的家庭，我們能給的最好禮物就是我們本身。

在題為〈奉獻的藝術〉（The Art of Giving）的文章裏，威爾弗雷德．彼特遜（Wilfred Peterson）説：[4]

> 當我們獻上心的禮物：仁愛、良善、喜樂、體諒、悲憫、寬容、寬恕，我們奉獻了自己。
>
> 當我們獻上知性的禮物：創見、夢想、意義、理想、原則、計劃、發明、項目、詩歌，我們奉獻了自己。
>
> 當我們獻上話語的禮物：鼓勵、啟發、指導，我們奉獻了自己。

愛默生説得好：「戒指和珠寶並非禮物，道歉才是。惟一的真禮物是尊貴的閣下。」

當父母一天到晚在家外忙着，當他們在家外表現最為卓越不凡，當他們所有的計劃是關乎家外頭的工作，當他們最好的能力和智慧都給了家外的人時，我們當常常反省：「誰得了你最好的？」你是不是在其他地方更可敬可愛，更聰明，更幽默？難道不是你的家人該得到你最好的嗎？我們如何得知你已全力以赴做到最好？

寧靜和勇氣

有一句常常提及的禱詞，很不幸，與戒酒佚名會（Alcoholics Anonymous）扯到一起。這句禱詞其實出於尼布爾（Reinhold Niebuhr），他說：「主啊，請賜我寧靜，接受我不能改變之事；賜我勇氣，改變我能改變之事，以及分辨兩者的智慧。」

我將其哲理應用到生活上，對工作和人際關係大有裨助。在為人父母，生兒育女一事上，我們都需要寧靜和勇氣，我們也需要智慧來分辨兩者，知道進退，接受或改變某件事。

倘若我們過於被動或懶惰，即使那件事本來是可以改變的，我們也有可能決定接受。倘若我們急於行動，或野心勃勃，就有可能老想改這改那。

好，我們與自己的孩子打交道。我聽到有些父母過早放棄，說：「他就是那副尊容了」，他們感到無能為力啟動任何改變。我也聽到有些父母諸多要求和操控，試圖各方各面改變自己的孩子。由是，智慧是無價珍寶：需要寧靜時有寧靜，要求勇氣時有勇氣。

一個孩子一出生就帶着一套基因，當中有你的，你的配偶的，你和配偶的父母的，諸如：脾氣和智力。有些孩子比較聰明，有些比較快樂，有些比較從容，有些較難相處。

為人父母就是培育，即帶出每個孩子最好的天資之努力和過程。世上沒有一個放諸四海而皆準的統一親子公式，正如沒有一套能夠解決所有問題的統一公式。不過，有些原則可以給我們帶來一些啟發。

當你聽到父母嘮嘮叨叨，說現在育兒雙倍困難，因為「現在的孩子跟上一代不同」，他們可能任由孩子自行其是，讓自己輕易過關。

在一次題為「育兒：從掙扎求存至生氣盎然」（Parenting：From Surviving to Thriving）研討會上，查克・司蘊道（Chuck Swindoll）說：「原則是超越時空和地域的真理。」談到「建立一個自律的人生」這話題時，他認為問題「不是出於小孩頑梗不聽話，乃是由於父母意志薄弱。」[5]

山中一週

倘若你是一個有幼小孩子的爸媽，你可否曾經夢想，就說短短一週吧，從育兒中脱身，重歸單身，享受人生？那正是一些韓國父母所做的。一天，我收看 NHK 電視台播放的一部紀錄片，有關韓國的「新丁訓練營」或「紀律學校」，孩子到這些學校學習如何成為好孩子。

在紀錄片裏，一些孩子由於不聽父母的話，或嘗試從補習班中逃學，他們給送到這座離首爾四小時車程的山中村莊。他們在這裏學習合乎體統的禮儀：尊敬長者，坐如鐘，集中注意力，自律，與他人和諧共處，以及反省並寫日記有關如何孝敬父母。

在一次電視訪問中，於 1973 年開辦這所學校的創辦人金博健（Kim Bo-gon）說：「孩子若不曉得尊重為何物，父母應當受到指責，因為孩子是父母的反映。」

孩子們入營之後，父母也改變，他們惦念孩子，開始從新的角度看待家庭。兒子本來已在學校裏表現優異，身為父親的卻仍然不斷施壓，兒子入營後，父親開始重新考慮自己的決定。一個母親原本被頑皮女兒氣得七竅生煙，現在開始欣賞女兒充滿創意的一面。

山中一週之後，這些孩子返回城裏的家。巴士將孩子一個一個送到家。第一個清楚可見的行為改變是孩子向父母行禮，他們行九十度鞠躬禮，清晰，恭敬，合宜地問候。父母綻開微笑，快樂地帶孩子回家。

我觀看紀錄片，覺得有點諷刺和好笑。我心想，家長們那麼快就想將親子基本任務拱手讓人，而這又似乎很快就立竿見影。但是，這改變有多長久呢？當效果期滿時，家長們是不是又要投向這一類營校求助？可以肯定的是，父母若能夠持繼不斷花時間反省自己的人生角色，更新自己對這至為重要和最長存的角色之承諾，那會更好。

孩子生命中的主角

作為父母，我們肩負起許多重要的角色，是別人無法取而代之的。我們是自己孩子人生中的主角。我們是慈愛的照顧者，是孩子首先依附的對象，為他們將來建立處理人際關係能力奠下基礎。我們提供他們生存所需。我們能否演好這些角色，將決定他們能否信任他人和成為可信賴的人。

我們是紀律的形塑者，強化好行為和禁止壞行為。我們是他們的身分認同者。我們也協助他們建立自我認同。

我們是他們的技能和價值觀提供者，我們提供道德引導，以及實際的操作，他們從我們的身上學習內化價值觀和標準。

我們給予他們經驗，我們建構他們的環境，選擇他們要學些什麼，和如何看待世界。

我們是他們的保護者，倡導者和導遊。

我們想要出色地完成任務，就需要有智慧。育兒一職實實在在充滿了挑戰，但是，倘若我們行走在正途上，便可以一無所畏，勇往直前。

擁抱智慧

愚者說，沒有上帝，他們的愚昧成了真相。在這樣一個世界裏，務要得着智慧。

「要得智慧，要得聰明，不可忘記，也不可偏離我口中的言語。不可離棄智慧，智慧就護衛你；要愛她，她就保守你。智慧為首；所以，要得智慧。在你一切所得之內必得聰明（或譯：用你一切所得的去換聰明）。高舉智慧，她就使你高升；懷抱智慧，她就使你尊榮。」（〈箴言〉4：5-8）

智慧是高瞻遠矚，而有誰比那位創造嬰孩的至高者更高瞻遠矚呢？詩人如是說：

「我的肺腑是你所造的；我在母腹中，你已覆庇我。我要稱謝你，因我受造，奇妙可畏；你的作為奇妙，這是我心深知道的。我在暗中受造，在地的深處被聯絡；那時，我的形體並不向你隱藏。我未成形的體質，你的眼早已看見了；你所定的日子，我尚未度一日（或譯：我被造的肢體尚未有其一），你都寫在你的冊上了。」（〈詩篇〉139：13-16）

智慧，給予父母的，是承認基督的主權；而育兒的智慧則是帶領孩子認識生命的創造主。

「教養孩童，使他走當行的道，就是到老他也不偏離。」（〈箴言〉22：6）

「教養」的希伯來原文是 chanokh，意為將孩子奉獻給上主，育養他，使他以上主的家，上主的事為樂；其字根是 chak，意為發起某件事，或啟動某件事，原指助產士將食指浸入糖漿，按摩和清洗新生兒的上顎，以引發嬰兒的渴求，或培養他對某事的品味。

對基督徒父母而言，我們至高的任務是培養孩子的靈性品味。這就是明智父母收藏得最緊的祕密。

上帝在我們的家中，實實在在，令育兒輕省愉快。

爸媽的禱文

〈詩篇〉16 篇提醒我們，世上無任何遺產可以和與上帝的良好關係相提並論。請經常誦讀下述禱詞：

耶和華是我的產業，是我杯中的分；
我所得的，你為我持守。
用繩量給我的地界，坐落在佳美之處；
我的產業實在美好。
我必稱頌那指教我的耶和華；
我的心腸在夜間也警戒我。
我將耶和華常擺在我面前，
因他在我右邊，我便不致搖動。
因此，我的心歡喜，我的靈（原文是榮耀）快樂；
我的肉身也要安然居住。
你必將生命的道路指示我。在你面前有滿足的喜樂；
在你右手中有永遠的福樂。(詩 16：5-9，11)
誠心所願。

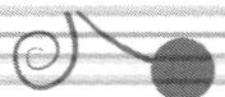

建立健壯孩童易，修復破碎成人難。
弗雷德里克．杜格拉斯
(Frederick Douglas)

註釋

1. Pascal, Blaise. *Pensees.*(incomplete at death). Public domain. GR, MI: Christian Classics Ethereal Library(created 2002). www.ccel.org/ccel/pascal/pensees/html, 155.

2. Colson, Charles. *Lies that Go Unchallenged*. Carol Stream, Il: Tyndale House Publishers.

3. Packer, J.I.. *Knowing God*. Downers Grove, IL: InterVarsity Press, 1993. 80.（中譯本：林來慰譯：《認識神》，香港：福音證主協會，1995。）

4. Peterson, Wilfred. *The Art of Living*. NY: Simon and Schuster, 1961.

5. Swindoll, Charles. Insight for Living. www.insight.org/broadcast/library/html

追風箏的父母

作者：霍玉蓮

教養子女要懂得收和放，讓孩子在父母牽引下高飛。

孩子不難教

作者：余慧明　劉振國

有人投球，就需要懂得接球的人。如果我們把孩子的發球準確地接住，孩子的潛能就得以發揮。

哪個孩子不出色

作者：梁永泰

孩子是否出色，全在乎你如何參與他們的生命、教養和抉擇。

歲月的育養 —— 給現代父母的啟示

作者：黃麗彰、黃志昌、黃麗明、黃志安

上一輩的父母，不曉得什麼親子理論，卻能養育和供給子女的需要，當中的犧牲精神和生活智慧，也許對現今父母是一種啟示。